Peter Michel: Der Sternenengel

Peter Michel

Der Sternenengel

Aquamarin Verlag

Voglherd 1 • D-85567 Grafing
1. Auflage 1998

Illustrationen: Sulamith Wülfing

Gesamtgestaltung: Annette Wagner
Druck und Bindung: Wiener Verlag

ISBN 3-89427-112-4

Inhalt

Das Geschenk des Engels

Das Geschenk des Engels

In der Nähe eines kleinen Städtchens im Erzgebirge lebte ein altes Holzschnitzerpaar am Rande eines verborgenen Tales. Sie besaßen eine Werkstatt, in der sie Weihnachtspyramiden, Krippen und wunderschön verzierte Kerzenständer herstellten. Einmal im Monat kam ein Händler mit seinem großen Wagen vorbei und erwarb alles, was sie in den vergangenen Wochen hergestellt hatten. Da ihnen ihr kleines Häuschen gehörte, hatten die alten Leute ihr Auskommen.

Mit ihnen lebte ihre Tochter, ein junges Mädchen namens Karina, die in zwei Wochen ihren achtzehnten Geburtstag feiern sollte. Eigentlich hieß Karina Karuna, doch das liegt schon lange zurück, mehr als siebzehn Jahre.

Die Ehefrau des Holzschnitzers hatte sich sehnlichst ein Kind gewünscht, doch sollte ihr die Erfüllung dieses Wunsches verwehrt bleiben. Sie näherte sich jetzt schon ihrem fünfzigsten Lebensjahr, und sie und ihr Mann hatten sich mit ihrem Schicksal abgefunden - bis zu jener seltsamen Juli-Nacht, als das Erzgebirge von einem schweren Unwetter heimgesucht wurde. Es blitzte und donnerte die ganze Nacht, und wahre Fluten stürzten vom Himmel herab. Am Morgen klärte es dann auf, und eine warme Sommersonne sandte ihre Strahlen über das kleine Gebirgstal.

Der Holzschnitzer wollte nachschauen, ob die Abdek-kung über dem Brennholz dem Unwetter standgehalten hatte und öffnete die Tür zum Garten. Beinahe wäre er über das kleine Körbchen gestolpert, das vor der Tür lag, doch zum Glück erklang genau in diesem Augenblick ein ängstliches Mauzen, und der Holzschnitzer blieb überrascht stehen. Er schaute nach unten und erblickte einen geflochtenen Korb, in dem ein Kind lag, das vielleicht ein Jahr alt sein mochte und seine Hände über ein kleines Tigerkätzchen gefaltet hatte, so als wollte es das zierliche Wesen vor den Unbillen der Witterung beschützen. Das Kätzchen bewegte sich unter den Kinderhänden kaum. Es blickte nur nach oben und gab jene klagenden Mauz-Töne von sich, die den Holzschnitzer auf das Körbchen aufmerksam gemacht hatten. Erschrocken rief dieser seine Frau, und gemeinsam trugen sie behutsam das Bastkörbchen ins Haus.

Sie stellten es in der Stube vor dem großen Kachelofen auf den Ecktisch und betrachteten es verwundert. Das kleine Tigerkätzchen fühlte sich sehr wohl in der neuen Umgebung und sprang sogleich aus dem Korb und kletterte mit einiger Mühe auf seinen noch etwas tapsigen Samtpfoten in die kleine Öffnung des Kachelofens, der noch etwas warm vom abendlichen Feuer war und in dem zwei Bratäpfel schmorten. Es rollte sich ein und war im Nu mit einem wohligen Schnurren eingeschlafen.

Das kleine Kind war in eine bunte Wolldecke eingeschlagen, und die Frau des Holzschnitzers nahm es vorsichtig aus dem Korb heraus. Es war ein Mädchen.

Sie suchten sorgfältig, ob sich eine Nachricht oder ein Namenszettelchen finden ließ, doch außer der Decke war der Korb leer. Es fand sich kein Hinweis auf die Herkunft des Kindes. So beschlossen die beiden Eheleute, die Kleine erst einmal zu versorgen und dann ins Gemeindehaus zu bringen.

Als sie im Gemeindehaus mit dem Bürgermeister sprachen, kam zufällig der Wirt vom „Grünen Baum“ vorbei, der so noch einen Teil der Geschichte mithören konnte. Als sie geendet hatten, erzählte er, daß in der vergangenen Nacht eine Schar von Zigeunern durch den Ort gezogen sei. Sie hätten noch spät in der Nacht am Wirtshaus geklopft und zwei Krüge Bier gekauft.

„Sie haben mit diesem Goldstück bezahlt“, schmunzelte er zufrieden über sein rotwangiges, etwas aufgedunsenes Gesicht; und es war allen klar, daß dies eine fürstliche Belohnung für zwei Krüge Bier gewesen war.

Der Bürgermeister hatte nachdenklich die Stirn gerunzelt, als der Wirt die Geschichte erzählte. Er betrachtete das Goldstück und das kleine Mädchen, das im Korb vor ihm lag.

„Es wäre das Beste, wenn ihr die Kleine vorerst behaltet. Sollte ihre Mutter es nur wegen des Unwetters in eure Obhut gegeben haben, so wird sie sich bestimmt in den nächsten Wochen bei euch melden. Dann werden wir weitersehen. Vorerst muß ich das Kind jedoch im Ortsregister eintragen. Welchen Namen wollt ihr der Kleinen denn geben?“

Der Holzschnitzer, der ein weiser Mann war und auch die Schriften des Ostens kannte, wollte das Mädchen „Karuna“ nennen, was in einer alten heiligen Sprache „Mitgefühl“ bedeutet. Diese Idee war ihm gekommen, weil sie schon als kleines Mädchen ihr Tierschwesterchen beschützt hatte. Davon wollte der Bürgermeister jedoch nichts wissen. Einen solchen Namen gab es im ganzen Erzgebirge nicht, und es würde nur Ärger mit dem Magistrat der Kreisstadt geben. So kam es, daß aus Karuna Karina wurde.

Die kleine Karina wuchs heran und „Samtpfötchen“, so hatte sie das kleine Tigerkätzchen getauft, war ihre liebste Spielgefährtin.

Die Monate und Jahre vergingen, aber die Zigeuner kehrten nicht zurück. Als Karina sieben Jahre alt war, hatte deshalb der Magistrat der Kreisstadt entschieden, daß das Findelkind dem Holzschnitzerehepaar als Tochter zugesprochen werden sollte. Die beiden alten Leute waren glücklich, so doch noch mit einem Kind gesegnet worden zu sein.

Karina wuchs unbeschwert heran und verbrachte viel Zeit in Wald und Flur. Schon bald konnten ihre Eltern beobachten, daß vor allem die Tiere sehr zutraulich waren und sich gerne von Karina streicheln ließen.

Eines Tages hatte der Holzschnitzer am Morgen ein Reh vor dem Haus gefunden, das sich anscheinend den Vorderlauf verletzt hatte. Es konnte nicht mehr laufen und hatte so vor dem Haus Schutz gesucht. Karina streichelte beruhigend über das feste braune Fell und nahm dann den verletzten Lauf zwischen ihre Hände. Im ersten Augenblick zuckte das Reh schmerzhaft mit der Pfote, doch dann ließ es Karina gewähren. Sie strich behutsam über das Sprunggelenk und legte dann für zwei Minuten ihre Hände fest um den verletzten Vorderlauf. Als sie das Reh wieder losließ, setzte es vorsichtig die Pfote auf - und der Schmerz schien verschwunden. Es lief, als wollte es sichergehen, ein wenig hin und her, dann kam es auf Karina zugesprungen, rieb sein Köpfchen an ihrer Seite und war kurz darauf im Wald verschwunden.

Der Holzschnitzer hatte dem Geschehen verwundert zugesehen und konnte sich

darauf keinen Reim machen. Seine Verwunderung sollte in den kommenden Wochen noch zunehmen, denn es kamen immer wieder Tiere zum Holzschnitzerhaus, die sich verletzt hatten und von Karina wieder gesund gepflegt wurden. Es schien fast so, als würden sich die Tiere untereinander von Karina und ihren heilenden Händen erzählen. Einmal war es ein Specht mit einem gebrochenen Flügel, dann ein Hase mit einer verletzten Pfote und ein andermal der Försterhund mit einem entzündeten Auge.

Bald hatte es sich im ganzen Tal herumgesprochen, über welche wundervolle Gabe Karina verfügte. Aus allen Dörfern und Gehöften brachten die Menschen ihre kranken oder verletzten Tiere zum Holzschnitzerhaus, und in den meisten Fällen konnte Karina helfen. Nur manchmal bat sie einen Bauern oder das Herrchen eines Hundes, ihren Liebling bei ihr zu lassen, weil ihm nicht mehr geholfen werden konnte. Sie setzte sich dann neben ihre Schützlinge, hielt sie im Arm oder legte ihnen die Hände auf - bis sie friedlich eingeschlafen waren.

Karinas Eltern hatten sie oft beobachtet, und als sie an einem langen Winterabend zusammen vor dem Kachelofen saßen, fragte der Holzschnitzer sie, was sie machen würde, um die kranken Tiere gesund zu pflegen.

„Es ist ganz einfach. Ich fahre mit meiner Hand über das Fell, bis ich spüre, wo die Verletzung oder die Krankheit liegt. Wenn ich die Stelle gefunden habe, wird meine Hand erst ganz kalt, und dann fließt ein goldenes Licht durch eine Hand oder beide; und erst wenn dieser Lichtstrom nachläßt, darf ich die Hände wegnehmen."

Samtpfötchen hatte sich während Karina sprach in ihrem Schoß eingerollt und schnurrte zustimmend.

So war Karina herangewachsen, und ohne Zahl waren die Tiere, denen sie im Laufe der vergangenen Jahre geholfen hatte. Morgen

nun sollte ihr achtzehnter Geburtstag sein. Er wurde immer an jenem Tag gefeiert, an dem sie vor siebzehn Jahren in ihrem Körbchen vor dem Holzschnitzerhaus gefunden worden war.

Es war eine wundervolle Sommernacht. Der Vollmond stand direkt über dem Wald, und Karina saß auf der kleinen Bank vor dem Haus. Die alten Leute schliefen schon; doch sie mußte in dieser Nacht über ihr Schicksal nachdenken. Wer waren ihre Eltern? Warum war sie gerade bei diesen lieben alten Menschen abgegeben worden? Versonnen blickte sie in die Nacht.

In diesem Augenblick vernahm sie ein großes Rauschen, so als sei ein gewaltiger Vogel über das Haus geflogen oder eine Sturmböe aufgekommen. Sie blickte auf und mußte ihre Augen bedecken, denn vor ihr stand eine leuchtende Gestalt, bekleidet mit einem Gewand aus silbernem Licht und dunkelblauen Schwingen, die wie Flügel aussahen.

„Meine kleine Tochter. Seit vielen Jahren schon erfreuen wir uns in unserer Welt an Deinem Tun. Dein liebevolles Herz bildet ein Tor zu uns, den Engeln der Heilung. Du bist in diese Welt gekommen, um Segen zu bringen und Tier und Mensch zu heilen. Deine erste Prüfung hast Du bestanden, und so darf ich Dich mit größerer Kraft beschenken, um Dich zu einem wahren Werkzeug im Göttlichen Plan zu berufen. Bleibe Dir treu und diene in Liebe und Demut."

Während diese Worte gesprochen wurden, fühlte Karina einen feurigen Strom, der ihre Hände und ihren ganzen Körper durchlichtete. Das himmlische Feuer war so leuchtend, daß sie die Augen schließen mußte.

Nach einiger Zeit war es wieder still; und als Karina die Augen öffnete, saß sie allein vor der Hütte.

Bis auf den heutigen Tag hat Karina zu niemandem über das gesprochen, was ihr in jener Nacht widerfuhr. Aber sie wurde eine wundervolle Heilerin.

Der Seelenbaum

Der Seelenbaum

In einer kleinen Stadt im Osten lebte ein junges Mädchen namens Michaela. Sie war von jener stillen Schönheit beschenkt, deren Glanz erst beim zweiten Hinschauen aufleuchtete - das Licht einer romantischen Seele.

Michaela lebte in zwei Welten; in der Welt ihres täglichen Lebens, bestimmt von Arbeit und Pflichten, und im Reich ihrer Träume und Sehnsüchte. Sie nannte dieses Lichtreich ihr verborgenes „dreizehntes Zimmer". In dieses Zimmer konnte sie sich zurückziehen, wenn die Sorgen und Nöte des Alltags sie zu erdrücken drohten. Hier vermochte sie ganz sie selbst zu sein. Hier vermählte sich das Licht in ihrem Herzen mit dem kosmischen Lichtermeer.

Michaela besuchte die Universität ihrer Stadt, die in einem wunderschönen Bauwerk aus dem 12.Jahrhundert untergebracht war. Seine mächtigen Mauern wurden verziert von Gemälden aus dem frühen Mittelalter sowie einigen Bildern aus späterer Zeit, die einige eitle Ratsherren in den folgenden Jahrhunderten hatten anbringen lassen, um ihrer Ruhmsucht zu frönen.

Über den Bildern ragten kleine Türme auf, die, zur Mitte höher werdend, eine Art Pyramide formten und auf ihren Spitzen die Zeichen der verschiedenen Stände trugen. Auf dem höchsten Turm funkelte ein vergoldeter Baum auf einem Kreuz - das Wappen der Stadt. Der Baum stand für die alte Weisheit der Kelten, die einstmals hier gesiedelt hatten. Doch wer wußte heute schon noch davon. Die frommen und braven Bürger sicherlich nicht.

Michaela studierte Literatur und Religionswissenschaft. Sie liebte die Poesie und die Lyrik, doch vertraute sie ihre eigenen kleinen Gedichte und poetischen Versuche nur ihrem Tagebuch an, das ihr vertrautester Freund in guten und in schlechten Tagen war.

Die Wochen und Monate zogen in stillem Fluß dahin, und nur wenige Ereignisse unterbrachen die Beschaulichkeit des kleinen Universitätsstädtchens. Wenn Michaela in einigen Vorlesungen über die magische Kultur Ägyptens oder die weisen Rabbis zur Zeit der Könige hörte, dann kam ihr die kleine Stadt so eng und verschlafen vor. Buddha hatte in Bodhgaya zur Erleuchtung gefunden, Jesus auf Golgatha die Mächte der Finsternis überwunden und die weisen Yogis lehrten noch immer in den eisigen Höhen des Himalayas den Pfad der Selbstfindung - aber was bedeutete das für die Menschen ihrer kleinen Stadt. Diese schienen vollständig zufrieden, wenn sie die kleinen Sorgen des Alltags gemeistert hatten. Die Kinder waren in sauberem Aufzug mit zum Kirchgang erschienen und der Sonntagsbraten schmorte in der Backröhre. Alles stand zum Besten. Es war eine kleine, beschränkte, aber eine heile Welt.

Doch es war nicht die Welt von Michaela. Sie träumte von weisen Lamas, bärtigen Rabbinern und erleuchteten Yogis. Doch wie fern war diese Welt von den alten Vorlesungssälen und den muffigen Seminarräumen ihrer Universität.

So kam sie nach einem langweiligen, ereignislosen Wochenende am Montagmorgen in die Universität, um wie gewohnt am Schwarzen Brett mit den Bekanntmachungen der Woche vorbeizugehen

zur Vorlesung über „Lyriktheorie in der europäischen Klassik". Fast wäre es ihr nicht aufgefallen, aber aus den Augenwinkeln mußte sie doch das Wort „Yoga" gelesen haben. Sie hielt inne und machte zwei Schritte seitwärts, um ein neues Plakat auf dem Schwarzen Brett zu betrachten. Für den nächsten Freitag war im Rahmen des Studium Generale ein Vortrag über „Die Meister des Yoga" angekündigt. Der Referent sollte ein Dozent einer großen Universität aus dem Westen sein.

Was für eine interessante Abwechslung! Sie war gespannt, was der Vortragende über die Weisen Indiens zu berichten haben würde.

Die Woche verging wie im Fluge, und erwartungsvoll begab sich Michaela am Freitagabend in den kleinen Hörsaal, der erstaunlich gut gefüllt war. Sie setzte sich weit nach vorne, um den gelehrten alten Herrn gut sehen zu können, denn sie hatte gar keine andere Vorstellung als die eines leicht ergrauten Professors, der viele Jahre hinter seinen Büchern verbracht hatte.

So benötigte sie einige Augenblicke, bis sie erfaßte, daß der junge Mann, der auf das Rednerpult stieg, tatsächlich der Referent des Abends war. Doch dies sollte nicht die einzige Überraschung bleiben. Sie hatte erwartet, einen gelehrten, wissenschaftlich trockenen Vortrag über indische Philosophie zu hören; doch der junge Gelehrte sprach über Yoga und Meditation als geistige Übungswege für den Menschen von heute. Er erweckte die Yoga-Meister zu neuem Leben und zeigte ihre Bedeutung für die Menschen der modernen Industriegesellschaft auf.

Michaela folgte dem Vortrag mit großer Spannung. Hier war endlich jemand, der ihr aus der Seele sprach. Er enthüllte die zeitlose Wahrheit einer heiligen Tradition. Der Pfad der Meister des Himalaya leuchtete in einem neuen Licht auf.

Nach dem Schlußwort des Rektors, am Ende der Veranstaltung,

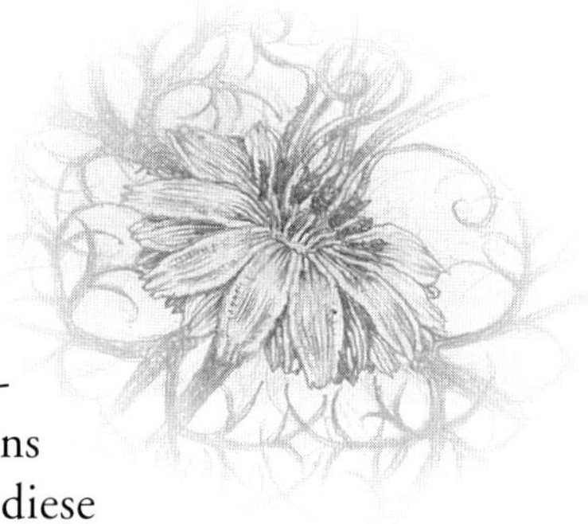

reihte sie sich ein in die Schar der Zuhörer, die den Referenten noch persönlich sprechen wollten.

Endlich stand sie vor ihm und schaute in ein Paar Augen, die Tiefe und Weichheit besaßen, aber auch eine gewisse Schalkhaftigkeit, die von der Leichtigkeit des Seins Zeugnis abzulegen schien. Sie mochte diese Augen vom ersten Blick an, als sie noch nicht ahnen konnte, daß ihr Gegenüber in ihr die gleiche Tiefe entdeckt hatte. Es entspann sich ein kurzes, aber anregendes Gespräch zwischen ihnen, in dessen Verlauf man die Anschriften austauschte.

Michaela ging an diesem Abend beschwingter aus der Universität zurück, als es normalerweise der Fall war. Der laue Wind eines milden Frühsommerabends umspielte sie, und die Sterne funkelten in glanzvoller Pracht über ihr, gleichsam als sichtbares Zeugnis der kosmischen Heimat des Menschen.

Einige Wochen gingen ins Land, als Michaela eines Mittags einen Brief mit einer fremden Briefmarke in ihrem Postkasten fand. Der Referent über die Yoga-Meister hatte ihr geschrieben und sie eingeladen, an einer Veranstaltung in seinem Land teilzunehmen. Sie las den Brief mehrmals, aber es stand tatsächlich eine Einladung darin.

Sie zögerte keinen Moment. Natürlich würde sie fahren, ungeachtet aller Probleme, die ihre Familie sicher machen würde, wenn sie ihr von der Einladung berichtete.

Die Fahrt in das große Land im Westen war aufregend. Noch nie war sie in diesem Teil der Welt gewesen, und vieles erschien ihr fremd und ganz anders als zu Hause.

Ihr Gastgeber, den sie schon bald Pascal nannte, gab sich alle Mühe, ihr den Aufenthalt so interessant wie möglich zu gestalten; und nach zwei Tagen bemerkte sie, ein wenig erschrocken, daß sie sich in ihn verliebt hatte. Wenn sie nebeneinander saßen und über Yoga oder Buddhismus sprachen, dann schien ein Lichtband zwischen ihnen aufzuflammen und ihre Herzen zu verbinden.

So fiel ihr der Abschied schwer, und nur die Hoffnung auf einen angekündigten Gegenbesuch tröstete sie. Dieser kam schon bald, und diesmal konnte kein Zweifel bestehen, daß ihre Liebe erwidert wurde.

Michaela war glücklich. Erstmals in ihrem Leben fühlte sie sich verstanden und von ihrem Wesen her geliebt. Sie hatte jenen Menschen gefunden, mit dem sie ihren Weg zusammen gehen wollte.

Von nun an sahen sie sich häufiger, obwohl ihre beiden Städte weit von einander entfernt lagen und es fast einer Tagesreise bedurfte, um zueinander zu finden, zumal zwei Grenzen zwischen ihren Ländern lagen.

Die Wochen und Monate vergingen, und Michaela entdeckte eine neue Welt. Das Wissen der Bücher erwachte zu neuem Leben, und die alten Weisen, die sie bisher nur aus alten, vergilbten Folianten kannte, begegneten ihr nun in Wirklichkeit. Sie führten sie ein in die ewige Philosophie und das zeitlose Wissen der Meister und Eingeweihten.

Doch während sie weiterschritt auf dem uralten Pfad der Weisheit, hatte sie die Empfindung, als würde Pascal sich von ihr entfernen. Er schien nicht mehr so zärtlich und liebevoll zu sein wie in den Anfangsjahren ihrer Beziehung. Oft war er auf Reisen im Ausland, um Vorträge zu halten oder Seminare zu geben. In dieser Zeit saß Michaela allein in ihrem Zimmer, blätterte gedankenverloren in ihren Büchern und fühlte sich schrecklich allein. Sie hatte den PFAD gefunden, doch wo war ihr Gefährte geblieben.

Manchmal stürzte sie sich aus Enttäuschung in das normale Treiben ihrer Kommilitonen, mit all seinen oberflächlichen Vergnügungen und inhaltsleeren Ablenkungen, um am Ende noch einsamer in ihr kleines Studierzimmer zurückzukehren. Nur die Meditation half ihr, die Tage und Wochen der Leere zu überstehen, bis sie Pascal wiedersah.

Eines Abends, als die Herbststürme schon an den Fenstern rüttelten, saß Michaela betrübt in ihrer kleinen Meditationsecke. Pascal war am Nachmittag abgefahren, und es würde Wochen dauern, bis sie ihn wiedersehen würde. Allmählich näherte sich die Stimmung in ihrem Herzen jener vor ihrem Fenster an. Alles schien grau und ohne Zukunft. Sie schloß die Augen und spürte, wie Tränen ganz langsam über ihre Wangen liefen, als sie sich in die Meditation versenkte.

Langsam kehrte Stille ein in ihr Bewußtsein. Die Gedanken wurden weniger, ihr Atem floß langsamer. Die Schmerzen, die sie noch vor wenigen Augenblicken in ihrem Herzen verspürt hatte, ließen nach; und es trat ein tiefer Frieden ein. Ein goldenes Licht kam mit diesem Frieden und senkte sich über sie; und als es ihr Herz-Zentrum erreicht hatte, flammte vor ihr ein blaues Licht auf, in dem sich langsam eine Gestalt formte.

Michaela folgte dem Geschehen mit erschrockener Aufmerksamkeit. Sie sah die Lichtgestalt in voller Klarheit, obwohl sie ihre Augen geschlossen hatte. Es war das schönste Wesen, das sie je erblickt hatte. Seine Züge waren menschlich, wenngleich auch nicht von jener Körperlichkeit, wie sie ihr vertraut war. Es enthüllte sich eine Lichtgestalt, die anscheinend nur für Momente eine Form angenommen hatte, die Michaela wahrzunehmen vermochte.

„Komm mit mir“, vernahm Michaela. Es war eher ein Gedanke als eine Stimme.

Dann schien eine lichte Hand sich ihr entgegenzustrecken. Michaela ergriff sie - und befand sich im selben Augenblick in einer anderen Welt.

Sie sah ihre körperliche Hülle neben sich, während die leuchtende Wesenheit ihr andeutete, ihr zu folgen.

„Wer bist Du?“ wollte Michaela wissen.

„Ich bin Dein Schutzengel.“

Wieder war es eher eine Schwingung als Worte, die sie vernahm.

Sie folgte ihrem Engel voller Vertrauen, geborgen in einer Hülle aus Licht und Liebe.

Sie konnte nicht fragen, ob sie lange oder weit durch eine unbekannte Welt zogen, doch auf einmal tauchte vor ihnen ein Wald auf, der aus lauter funkelnden Bäumen bestand. Jeder Baum unterschied sich von seinem Nachbarn, und doch schienen sie alle irgendwie ähnlich zu sein.

„Wir sind bei den Seelenbäumen angekommen“, ließ sie ihr Schutzengel wissen.

„Komm, ich möchte Dir etwas zeigen.“

Sie näherten sich einem der Bäume, der eher einer Baumhecke glich. Als sie bis auf wenige Schritte herangekommen waren, erschrak Michaela.

„Aber - das bin ich ja selbst!“ rief sie verwundert aus. Sie erblickte sich selbst im Inneren eines Baumes, dessen dornige Zweige sie ganz umfingen.

„Was Du siehst, ist Dein Seelenbaum. Das Gefängnis, in dem Du Deine Liebe eingesperrt hast. Deine Liebe leuchtet noch immer, doch sie kann sich nicht verströmen. Du hast

eine Hecke aus Dornen um sie geflochten. Es ist eine Liebe, die festhalten möchte, was sie geschenkt bekommen hat. Aber Liebe gehört niemandem. Sie ist ein göttliches Geschenk. Sie ist zeitlos, frei und besitzt ewiges Leben. Du hast sie in Zeit und Raum einsperren wollen, wie den Falken im goldenen Käfig. Doch so, wie der Falke in der Gefangenschaft kläglich verenden muß, so erstickt auch die Liebe, deren Heimat die Ewigkeit ist, willst du sie in Raum und Zeit einsperren."

In diesem Augenblick verstand Michaela das große Geheimnis. Ihre Seele hatte vom Quell des Lebens getrunken. Nie wieder würden sie die Schatten der Vergänglichkeit überwinden. Sie lächelte und blickte auf ihren Seelenbaum, der sich ganz allmählich verwandelte. Die Dornen lösten sich auf und Rosenblüten traten an ihre Stelle. Die schweren, harten Zweige wurden heller und fesselten ihr Abbild nicht mehr. Sie empfand sich als eingebettet in himmlisches Licht, und ein wunderbarer Duft entströmte den Blüten. Sie atmete ihn ein mit ihrem ganzen Wesen - und fiel in einen tiefen Schlaf.

Als Michaela erwachte, saß sie noch immer in ihrer Meditationsecke. Alles schien so, wie es zuvor gewesen war, doch ein überirdischer Rosenduft erfüllte das Zimmer, und in ihren Händen, die ineinander gefaltet auf ihrem Schoß ruhten, lag eine rote Rosenblüte. Wieder perlten einige Tränen über ihre Wange, doch der Anlaß war ein anderer als zu Beginn ihrer Meditation.

Sie wußte, es würde noch lange dauern, bis sie Pascal wiedersah. Doch jetzt besaß dies keine Bedeutung mehr für sie - sie hatte erkannt, ihre Seele war eins mit ihm.

Die Nacht der Lilie

Die Nacht der Lilie

Fröhliches Lachen und übermütige Gesänge erfüllten die Gassen und Plätze von Florenz. Man feierte das Toskaner Weinfest. Der Duft lekkerer Speisen und die schwere Süße des toskanischen Weines zogen durch die Nacht; und niemand dachte an Schlaf oder nächtliche Ruhe. Jung und alt bevölkerten die Tavernen und Trattorias und genossen das Leben in vollen Zügen. Sie alle trugen in ihren Seelen noch die Erinnerung an die nachtschwarzen Tage des letzten Jahres, als niemandem zum Feiern zumute gewesen war, denn der schwarze Tod hatte auf seinem Weg durch Südeuropa auch in Florenz Einkehr gehalten. Schrecklich hatte die Pest gewütet, und kaum ein Haus, kaum eine Familie, in den Palästen der Reichen wie in den Hütten der Armen, war verschont geblieben. Jene, die heute feierten, begingen daher nicht nur das alljährliche Weinfest, sie ließen auch der Freude ihren Lauf, weil sie dem schwarzen Tod entronnen waren.

Inmitten einer singenden Schar prächtig gekleideter junger Florentiner befand sich auch Donnatella Francelli, die Tochter des hoch angesehenen Baumeisters des Palazzo Pitti.

Die Familie Francelli zählte zwar nicht zum unmittelbaren Herrscherkreis von Florenz, wie die Medici oder die Pitti, doch sie gehörte zu den angesehensten Geschlechtern der Stadt. Donnatellas Vater hatte schon früh mit Brunelleschi gearbeitet, und diese Zusammenarbeit hatte ihm die ehrenvolle Aufgabe eingetragen, den Palazzo Pitti zu erbauen.

Donnatella war erst zwanzig Jahre alt, doch im Kreis ihrer ausgelassenen Freunde wirkte sie mit ihrer stillen, zurückhaltenden Art älter als ihre nahezu gleichaltrigen Freundinnen. Vor zwei Jahren, als sie zum ersten Mal am Weinfest teilgenommen hatte, war noch alles anders gewesen. Wie ausgelassen hatte sie damals mit Sandro, ihrer großen Jugendliebe, getanzt und gelacht und dem süßen Wein aus den sanften Hügeln des Chianti zugesprochen. Wie hätte sie damals auch ahnen können, daß nur ein knappes Jahr später der Tanz ihrer Liebe ein schreckliches Ende finden sollte.

Als sie in jenen dunklen Septembertagen des vergangenen Jahres Sandros kalte Hand ein letztes Mal berührt hatte, war mit ihm auch die Unbeschwertheit ihrer Jugend gestorben. Die eisige Hand der Pest und ihr tödlicher Hauch hatten nach ihrem Herzen gegriffen und ihre Seele berührt.

Als dann das Frühjahr Einzug über den Ponte Vecchio hielt und sie ihre bunten Kleider anzog, wollte die Schwermut noch immer nicht Abschied aus ihrem Herzen nehmen.

Sie stieg am Morgen oft die weit gespannten Stufen der großen Treppe hinab, die in den wunderschönen Garten des elterlichen Hauses führte. Der Vater hatte ihn eigenhändig angelegt, und die Treppen und Befestigungen aus feinstem Carrara-Marmor glänzten in der milden Morgensonne. Wie oft war sie voller Freude die hohen Stufen hinabgesprungen, um die Blumen und Tiere des Gartens zu begrüßen. Noch immer liebte sie diesen Ort, aber es war eher eine stille Beschaulichkeit denn eine überschwengliche Freude, wie es früher gewesen war.

Alle diese Gedanken erfüllten Donnatella, während sie mit ihren Freunden, an den Armen eingehakt, unter Absingen einiger leicht frivoler Lieder um den Dom zog. Santa Maria del Fiore glänzte in der Abendsonne, und ein Strahl der Sonne fiel auf die große Rosette im Baptisterium. Als ihr Blick dem Sonnenstrahl folgte und für einige Augenblicke ganz verschmolz mit dem Gleichmaß und der Harmonie der Rosetten-Form, fielen ihr plötzlich die letzten Worte von Sandro wieder ein und das Versprechen, das sie ihm auf seinem Sterbebett gegeben hatte.

„Versprich mir, auch ohne mich zu Marsilio zu gehen."

Und sie hatte es ihm versprochen. Warum mußte gerade heute abend die Erinnerung so schmerzvoll aufbrechen, wo sie doch nur die Ausgelassenheit des Weinfestes mit ihren Freunden genießen wollte. Nicht nur der Schmerz über den Verlust ihres Geliebten, sondern auch der Stich in ihrem Herzen, ihr Versprechen noch nicht erfüllt zu haben.

Unter dem Einfluß von Georgios Plethon hatte Cosimo Medici die „Platonische Akademie" gegründet, und Marsilio Ficino war ihr führender Kopf. Sandro und Marsilio waren enge Freunde geworden, und oft hatte er tagelang bei ihm in Careggi verbracht, wo Cosimo seinem Günstling ein Landgut mit einer Villa geschenkt hatte. Marsilio war einige Jahre älter als Sandro gewesen, aber sie hatten einander geliebt wie Brüder, die zusammen aufgewachsen waren. Wie oft hatte Sandro ihr von Marsilios Übersetzung der Werke Platons ins Lateinische erzählt, aber sie hatte ihn nur als „mein kleiner Philosoph" geneckt und zärtlich ihre Arme um seine Schultern geschlungen.

So hatte sie es noch stets vermocht, die Oberhand über Ficino und Platon zu gewinnen. Aber Sandro war nicht mehr an ihrer Seite - und sie hatte noch immer nicht ihr Versprechen erfüllt. Sie entwand sich sanft den Armen ihrer beiden Freunde zur Linken und zur Rechten und eilte in den Dom. Augenblicklich umfing sie die Stille der majestätischen Kirche, und als sie emporblickte zu Brunelleschis Kuppel, war es ihr, als wölbte sich das unendliche Firmament über ihrem Haupt. Sie schritt ganz leise nach vorne zum Altar, als wollte sie die Stille nicht stören. Dort sank sie auf die Knie und gelobte der Madonna, am nächsten Morgen ihr Versprechen einzulösen und Marsilio Ficino aufzusuchen. Schnell huschte sie aus dem Dom und gesellte sich wieder dem ausgelassenen Treiben auf dem Domplatz zu. Niemandem war aufgefallen, daß sie für einige Augenblicke verschwunden war.

Marsilio Ficino hatte von Cosimo Medici das Landgut in Careggi geschenkt bekommen und ein Haus in Florenz. Durch eine Bemerkung ihres Vaters wußte Donnatella, daß er zur Zeit in der Stadt weilte. So machte sie sich schon früh am Morgen auf, um den berühmten Humanisten zu besuchen.

Sie hatte kaum den schweren Türklopfer betätigt, als das schwere Eichentor schon geöffnet wurde.

„Sei uns willkommen, Donnatella Francelli, der Meister erwartet Dich bereits."

Donnatella war so überrascht über die Worte des jungen Dieners, der in feinem Samt gekleidet vor ihr stand, daß sie keine Anstalten machte, einzutreten.

Es bliebt ihm nichts anderes übrig, als die junge Frau an die Hand zu nehmen und ins Innere des Hauses zu führen.

Marsilio Ficino saß über zwei schwere Folianten gebeugt und schrieb mit der Rechten, während die linke Hand gelegentlich, wie zur Bestätigung, etwas in einem der beiden dicken Bände zu überprüfen schien.

Als Donnatella eintrat, blickte er auf und erhob sich.

„Du hast uns lange warten lassen, bis Du Dein Versprechen eingelöst hast, Donnatella Francelli."

Es lag kein Vorwurf in seiner Stimme, eher ein erfreutes Wohlwollen.

„Woher wußtet Ihr von meinem Versprechen?" fand Donnatella endlich die Worte wieder, die sie eigentlich schon am Tor sprechen wollte.

„Setze Dich bitte zu mir", bat Marsilio, indem er auf einen prächtigen, handgeschnitzten Stuhl zu seiner Rechten wies.

Donnatella nahm Platz, und Marsilio Ficino musterte sie lange. Es war kein Blick, der ihre Person betrachtete; sie fühlte vielmehr, wie ihre Seele einer Prüfung unterzogen wurde.

„Sandro war mein Freund", begann Ficino schließlich.

„Er war mein Freund und mein Schüler; und er war einer meiner besten Schüler. Er hatte gelernt, daß der Tod nur die andere Seite des Lebens ist und in Wahrheit nicht existiert. Nachdem er seine Körpergewänder abgelegt hatte, in jenen dunklen Wochen des letzten Jahres, kam seine Seele zu mir und sprach zu mir von Deinem Versprechen, bevor er sich auf die große Reise durch die sieben Sphären begab. Er war sich gewiß, daß Du Dein Versprechen halten würdest. Heute morgen nun sah ich in der Kontemplation sein Bild, und ich wußte, Du würdest heute Dein Versprechen einlösen.

Donnatella hatte schweigend Ficinos Worten gelauscht. Auch wenn ihr Inhalt neu und seltsam für sie war, so wußte sie doch tief in ihrem Herzen, daß sie eine Wahrheit vernahm.

„Deine Seele ist eine alte Seele. Schon oft hast Du von den Wassern der Lethe getrunken und bist hinabgestiegen in ein neues Erdengewand - schöner stets und ein wenig leuchtender. Das Licht Deiner Seele war es auch, das Dich mit Sandro verband und heute zu mir führte. Doch ich bin nicht Dein Lehrer und Meister. Du bist eine „Tochter der Lilie", und nur sie kann Dich lehren. Wenn der Mond sich zum nächsten Mal rundet, sollst Du in die Boboli-Gärten gehen und die verborgene Grotte betreten. Dort wirst Du die Antworten auf Deine Fragen erhalten."

Donnatella sprach noch lange mit Marsilio Ficino und verließ ihn mit der Gewißheit, die Antworten auf die großen Fragen ihres Herzens in kürze zu finden.

Es waren nur noch sieben Tage bis zum Vollmond, doch sie schienen sich endlos hinzuziehen. Es erschien Donnatella, als wollte der Sand im Stundenglas nur mit Mühe seinen Weg finden.

Endlich war die Vollmondnacht herangekommen. Die Abende waren noch frisch, und sie warf ein Seidentuch um sich, auf das geheimnisvolle Symbole in einer fremden Sprache aufgestickt waren. Dazu hatte sie ein Paar Ohrringe angelegt, die ihr Sandro zu ihrem achtzehnten Geburtstag geschenkt hatte. Sie enthielten zwei Lapislazuli-Anhänger, die im fahlen Licht des Mondes schimmerten.

Die Boboli-Gärten erstreckten sich weit oberhalb der Stadt, und die kleine Grotte war so versteckt, daß sie nur gefunden wurde, wenn man von ihr wußte.

Donnatella betrat die kühle Grotte und versuchte, in der Dunkelheit etwas zu erkennen. Wo sollte sie hier die von Ficino verheißene Botschaft erhalten. Unschlüssig ging sie umher und kehrte schließlich zum Eingang zurück. Sie blickte nach draußen und erschaute den Vollmond, der zum Greifen nahe über der Stadt seinen geheimnisvollen Silberglanz verbreitete. Als sie die Augen etwas senkte, entdeckte sie rechts vor der Grotte eine Lilie, wie sie selbst bei Mondlicht erkennen konnte. Anscheinend war sie ihr beim Betreten der Grotte nicht aufgefallen. Die Blume zog sie magisch an; und voller Verzauberung sank sie vor ihr auf die Knie. Es war eine Lilie, aber es war keine Lilie, wie sie im Francelli-Garten wuchsen. Diese Lilie war etwas Besonderes.

Als Donnatella vor ihr kniete, öffnete sich die große Blüte zu ihrer vollen Schönheit - und ließ sie in ihre Welt eintreten.

In all den Jahren ihres langen Lebens sprach Donnatella niemals darüber, was sie in jener denkwürdigen Vollmondnacht erlebt hatte. Sie weihte ihr Leben der Wahrheit und Schönheit, doch die Liebe hatte sie in einem anderen Reich zurückgelassen. In diesem Leben diente sie als eine „Tochter der Lilie".

Donnatella war am nächsten Morgen und in vielen Vollmondnächten zur Grotte im Boboli-Garten zurückgekehrt, doch die geheimnisvolle Lilie fand sie nicht wieder. Sie blieb für immer verschwunden.

Die drei Prinzessinnen

Die drei Prinzessinnen

In längst vergangenen Zeiten lag im Westen der Erde ein großer Kontinent, der heute gänzlich im Ozean versunken ist. Im Norden dieser gewaltigen Insel, fern von der großen Hauptstadt, erstreckte sich ein kleines Königreich über zwei Küstenprovinzen und einige kleine Inseln. In ihm herrschte der weise König Rodegast, der mit seinen drei Töchtern auf der Burg Waldengard lebte. Seine Frau war bei der Geburt der jüngsten Tochter gestorben, und der König konnte seine Trauer nie mehr überwinden und lebte fortan als Witwer. Die Sorge um sein Volk, das Wohlergehen des kleinen Königreiches und die Freude an seinen Töchtern füllten seine Tage aus.

So gingen die Jahre ins Land, und König Rodegast fühlte die Zeit nahen, da er seiner geliebten Königin in eine höhere Welt nachfolgen sollte. In den vergangenen drei Jahren hatte er seine drei Töchter, die inzwischen zu schönen jungen Frauen herangewachsen waren, sorgfältig beobachtet. Leandra, die jüngste, zog es zu den Menschen. Sie liebte die großen Feste, die Musik, den Tanz und die Reisen in die großen Städte fern im Süden. Manchmal konnten zwei Monde vergehen, ehe der König seine Jüngste wieder zu Angesicht bekam.

Elisedra, die mittlere der drei Prinzessinnen, war die stillste. Sie liebte die Zurückgezogenheit der Berge und die Einsamkeit der kleinen Inseln, die dem Königreich vorgelagert waren. Oft zog sie sich mit ihren Hunden und Katzen und ihrem Lieblingsfalken Kaldor in ein kleines Jagdschloß ganz im Norden zurück. Manchmal besuchte sie Rodegast dort und erfreute sich an der Stille und Harmonie jener Welt, die wie Morgentau seine Seele netzte. Wenn die Zeiten schwer waren und kriegerische Auseinandersetzungen drohten, gewann er aus der Stille jener Tage der Zurückgezogenheit die innere Kraft für sein Handeln.

Während seiner Abwesenheit führte seine älteste Tochter, Brigeda, die Amtsgeschäfte und hielt Hof. Brigeda war äußerst verantwortungsbewußt und genau, und Rodegast konnte ihr voller Vertrauen die Führung des Königreiches anvertrauen. Sein einziger Kummer war ihre Strenge. Sie duldete keinen Widerspruch seitens ihrer Untergebenen und herrschte mit großer Strenge. Einmal hatte es wegen dieses Wesenszuges einen heftigen Streit zwischen dem König und seiner ältesten Tochter gegeben.

Im Park des Schlosses gab es einen kleinen „Garten der Stille", der dem König zur Einkehr und Kontemplation diente. Ein Teil jenes Gartens war vollständig mit winzigen Kieseln ausgelegt und kunstvoll mit alten Symbolen geschmückt, die mit speziellen großen Rechen in die Steinbeete eingefügt wurden. Jener „Garten der Stille" war der besondere Augenstern des alten Gärtners Orchild, der schon Rodegasts Vater treu gedient hatte.

Einmal, im Frühjahr, erhielt Orchild Besuch von seinem jüngsten Enkelsohn, der zu diesem Anlaß seinen kleinen Hund mitgebracht hatte, einen verspielten, drei Monate alten Rüden. Irgendwie war es dem kleinen Wollknäuel gelungen, die normalerweise verschlossene Pforte zum „Garten der Stille“ zu öffnen und in das verborgene Heiligtum des Königs einzudringen. Natürlich bereitete es ihm besondere Freude, durch die Steinbeete zu tollen - was leider zu allerlei Zerstörungen führte. In diesem Augenblick war Prinzessin Brigeda in den Garten gekommen und hatte das Unglück bemerkt. Ihr großer Schönheitssinn war zutiefst verletzt über die entstandenen Verwüstungen, und voller Zorn ließ sie Orchild vorführen. Sie warf ihm vor, seine Pflichten vernachlässigt zu haben, und verurteilte ihn zu drei Tagen Schandklammer.

Die Schandklammer stand in der Mitte des Schloßplatzes, und die Verurteilten mußten Kopf und Hände durch die schweren Holzträger stecken, die sich über ihnen schlossen. Es war nicht nur eine schmerzhafte Strafe, sondern vor allem eine entwürdigende; denn der ganze Hof und alle Bediensteten mußten mehrmals am Tag den Schloßhof überqueren und so notgedrungen den armen Verurteilten in ihr gequältes Antlitz blicken.

Orchild hatte schon einen Tag und eine Nacht in seinem Elend verharren müssen, als Rodegast nach Waldengard zurückgekehrt war und erschrocken seinen geliebten Gärtner in seiner mißlichen Lage vorfand. Er ließ ihn umgehend befreien und sich Bericht erstatten. Erzürnt rief er daraufhin Brigeda zu sich und stellte sie wegen ihres maßlosen Verhaltens zur Rede. Doch Brigeda blieb uneinsichtig und verteidigte ihr Verhalten. Sie hielt ihrem Vater vor, durch seine übermäßige Milde die Ordnung im Königreich zu gefährden.

Rodegast hatte daraufhin die Prinzessin an die Hand genommen und in den „Garten der Stille“ geführt. Dort waren inzwischen alle Schäden, die der kleine Rüde angerichtet hatte, ausgebessert worden, und der Garten strahlte in alter Schönheit.

„Drei Männer und ein halber Tag Arbeit - und dafür hast Du das

Leben eines treuen Dieners zerstört. Nennst Du das eine weise Herrschaft?“

Brigeda war beschämt und hatte sich damals für mehrere Wochen vom Hofleben zurückgezogen. Sie wußte, sie hatte falsch gehandelt, doch der Stachel einer verletzten Eitelkeit steckte noch immer tief in ihrer Seele.

Inzwischen war einige Zeit ins Land gezogen, und König Rodegast hoffte, die Strenge und Unduldsamkeit seiner Erstgeborenen sei einer größeren Güte und Milde gewichen. Sie führte die Hofgeschäfte mit großer Umsicht, und Bauwerke und Gärten im ganzen Land entfalteten sich in vollkommener Schönheit.

Als nun der König sein Ende nahen fühlte, rief er die drei Prinzessinnen zu sich. Er übergab Brigeda die Siegel des Reiches und den Königsring, trug ihr aber auf, das Königreich im Einklang mit ihren Schwestern zu führen. Brigeda versprach es, und in der folgenden Nacht schloß König Rodegast friedlich für immer die Augen.

Doch der weise alte König sollte sich getäuscht haben. Kaum waren die Feierlichkeiten anläßlich seines Todes beendet, da riß Brigeda die Macht an sich. Sie überwarf sich mit ihren Schwestern, die sie als unfähig zur Herrschaft bezeichnete. Schließlich blieb Leandra nichts anderes übrig, als Waldengard zu verlassen und in den Süden zu gehen. Sie sollte ihre Schwester nie wieder zu Gesicht bekommen.

Elisedra weigerte sich, das Schloß ihres Vaters zu verlassen, und in einem Zornesausbruch verbannte Brigeda sie auf das Jagdschloß im Norden. Dort lebte sie viele Jahre, bis Brigeda starb und die Krone auf sie überging.

In der Stille der Berge hatte sie ihrer Schwester schon lange vergeben und hielt während ihrer langen Herrschaftszeit das Andenken an ihre ältere Schwester in Ehren. Elisedra starb erst in hohem Alter, geliebt von allen Untertanen. Es wird noch heute erzählt, ihr Falke Kaldor habe drei Tage und drei Nächte an ihrem Grab gewacht und

sei dann der Sonne entgegen geflogen. Seit jenem Tag ward er nicht mehr gesehen.

Als Brigeda in die Welt des Lichtes eintrat und auf ihr vergangenes Leben zurückschaute, erkannte sie ihre Schuld. Sie hatte nur das Beste gewollt und doch Unrecht auf sich geladen. Voller Reue gelobte sie, ihren Schwestern in der Zukunft zu dienen, um ihre Schuld zu sühnen.

So zogen die Jahrhunderte dahin, und die Erde veränderte ihr Antlitz. Doch noch immer kehrten die gleichen Seelen zu ihr zurück, um Liebe und Güte zu erlernen.

So fand auch Brigeda wieder den Weg zu einem neuen Leben, im Osten jener alten Welt, in der sie einst als Herrscherin gelebt hatte. Diesmal mußte sie in einfachen Verhältnissen heranwachsen, als Jüngste unter vielen Geschwistern sich behaupten. So erkannte sie, was Ungerechtigkeit bedeutete, und ihre Seele würde es niemals mehr vergessen.

Sie wuchs heran zu einer schönen Frau, und eines Tages war der Zeitpunkt gekommen, als sie ein Kind empfing und eine Tochter zur Welt brachte. In den Tagen vor der Geburt widerfuhren ihr wundersame Träume, und sie sah Bilder aus fernen Zeiten. Als dann ihre Tochter nach einer sanften Geburt das Licht der Welt erblickte, kam sie ihr seltsam vertraut vor, doch sie wußte nicht, daß ihre Schwester Elisedra zu ihr zurückgekehrt war. Einige Jahre später folgte ihre zweite Schwester, und wieder empfand sie jene seltsame Vertrautheit, die sie sich nicht erklären konnte.

So zog Brigeda voller Liebe ihre Töchter auf und diente ihnen in diesem Leben voller Hingabe; denn das große Gesetz des Ausgleichs wirkt in unaussprechlicher Weisheit. Was der Mensch sät, das muß er ernten.

Und wenn Brigeda gelegentlich mit zu großer Strenge ihre Töchter erzog, dann war es ihr, als mahnte sie in ihrem Herzen eine Stimme aus ferner Zeit. Und sie lauschte still und suchte den Weg der Liebe und Güte.

Der Sternenengel

Der Sternenengel

Sanft wehte der Wind über Poseidonis, und ein wolkenloser Himmel schenkte dem Auge unbegrenzten Zugang zur gestirnten Unendlichkeit.

Shardon, der Lokumane, der Hohepriester von Atlantis, stand unter dem Kuppeldach des Haupttempels und ließ seinen Blick über den Sternenhimmel schweifen. Die Priesterschaft stand vor schwierigen Entscheidungen. Seit über einem Jahr herrschte ein gespanntes Verhältnis zwischen dem Tempel und dem Herrscherhaus. Bardur, der mächtige König der Baraniden-Dynastie, war gestorben, und Erithana, sein einziges Kind, hatte seine Nachfolge angetreten.

Erithana war eine außergewöhnliche Frau. Als Kind schon war sie als Tempelschülerin aufgenommen worden, und mit achtzehn Jahren erhielt sie als eine der jüngsten die heilige Einweihung. Shardon selbst hatte neben ihr gesessen und die drei heiligen Nächte an ihrem Sarkophag gewacht, während die Seele das Dämmerreich und das Sommerland durchstreifte. Er war es auch, der das magische Öl auf ihre hohe Stirn strich und sie aus dem Einweihungsschlaf zurückholte. Erstaunen hatte er in jener Nacht in ihren Zügen gelesen, aber auch das Wissen um eine neu gewonnene Macht, eine Macht, die Erithana anzuwenden gedachte. So war schon in jenem Moment, als die eingeweihte Herrscherstochter wieder in ihren Körper zurückgekehrt war, in Shardon eine Ahnung kommender Gefahren aufgestiegen.

In den folgenden Jahren hatte Bardur bereits einen Teil seiner Vollmachten auf Erithana übertragen, und sie hatte ihren Einfluß geschickt zu erweitern verstanden. Ein Teil der Priesterschaft stand bereits unter ihrem Einfluß, damit ein ehernes Gesetz von Atlantis verletzend, das dem Herrscherhaus zwar alle weltliche Macht einräumte, ihm aber keine Machtbefugnis in religiösen Angelegenheiten zugestand. Die geistige Gewalt lag in den Händen der Priesterschaft, mit dem Lokumanen als höchster spiritueller Autorität.

An jenem Tag, als Erithana ihrem Vater als Herrscherin über Atlantis nachfolgte, hatte sie die bis dahin im Verborgenen verfolgten Ziele öffentlich gemacht. Das Herrscherhaus beanspruchte von nun an, als gleichberechtigte Macht dem Lokumanen gleichgestellt zu werden. Auch in den religiösen Fragen wurde jetzt das Wort der Königin zum Gesetz erhoben.

Shardon hatte einen letzten Versuch unternommen, um die junge Königin zum Einhalten der heiligen Tradition zu bewegen. Doch es war ein vergebliches Unterfangen gewesen. Die Königin hielt ihm entgegen, auch sie sei eine Eingeweihte und somit ihm gleichgestellt.

Lange hatte der Lokumane geschwiegen und in der Stille mit dem inneren Auge geschaut. Die Königin hatte die erste Einweihung erhalten, aber sie stand in der Gefahr, in der Prüfung zwischen Stolz und Dienen zu versagen.

Schweigend blickte Shardon zum Sternenzelt empor. Es blieb ihm nur eine Möglichkeit. Er mußte das heilige Triumvirat einberufen, die höchste Instanz von Atlantis. Es bestand neben dem Lokumanen aus der Hohenpriesterin und dem Staatsorakel. Shardon berief es erst zum zweiten Mal, seit er vor zahllosen Monden die Weihe zum Lokumanen von Atlantis erhalten hatte.

Wenn das Staatsorakel angerufen wurde, mußte auch die Königin erscheinen; und selbst Erithana wagte es nicht, dieses uralte Gebot zu brechen.

So riefen Shardon und die Hohepriesterin Sharana die Wesen des Lichtes an und baten um Weisung für Poseidonis und das gesamte atlantische Reich. Das Staatsorakel fiel schon nach wenigen Augenblicken in eine tiefe Trance und wurde von zwei Tempelschülern gestützt. Voll gespannter Erwartung blickten Shardon und Sharana auf den Orakelpriester und sahen seiner Botschaft entgegen. Doch das Staatsorakel schwieg. Eine tiefe, geheimnisvolle Stille senkte sich über den Tempel.

Plötzlich richtete sich der Orakelpriester ruckartig auf, öffnete die starren Augen und ein verzückter Glanz senkte sich über seine Gesichtszüge, als er mit mächtiger Stimme ausrief: „Sie kommt selbst!"

In diesem Augenblick erschien ein Komet am nächtlichen Firmament, ein Lichtschweif, der in Gedankenschnelle den Raum zu durcheilen schien. Ein flammendes Feuer senkte sich über den Tempel - und aus ihm trat ein Sternenengel hervor.

Noch nie zuvor hatte sich ein Wesen der kosmischen Hierarchien öffentlich manifestiert, und alle Anwesenden, mit Ausnahme von Shardon und Erithana, waren ehrfürchtig auf die Knie gesunken.

Shardon faltete die Hände vor seinem Herzen und seiner Stirn und bat den göttlichen Besucher um Rat.

Der Sternenengel wandte sich an Erithana und fragte sie, im Namen der heiligen Gesetze, ob sie die Gebote der Alten anerkennen würde. Doch in einem titanischen Stolz vermochte es die Königin, dem kosmischen Boten die Stirn zu bieten. Sie brach das uralte Gebot und verweigerte dem Lokumanen die Anerkennung als geistiges Oberhaupt von Atlantis und Mittler zwischen der Insel und dem Göttlichen Reich.

Da wandte sich der Sternenengel ab von ihr, segnete den Lokumanen, und schneller als das Auge zu folgen vermochte, war sein Licht verloschen.

Es war eine schicksalhafte Nacht für Atlantis gewesen. Von jener Zeit an ging das Wissen der Alten allmählich durch unwissende und machtgierige Priester verloren, was letztlich den Untergang heraufbeschwor.

Erithana aber war verurteilt zu einem schmerzvollen Weg zurück ins Licht. Viele Leben würde sie leiden und dienen müssen, um den Verrat der Einweihung zu sühnen. Die Sünde gegen den Geist konnte nicht vergeben werden, denn die Seele hatte ihn zurückgewiesen.

Narziss und Goldlöckchen

Narziss und Goldlöckchen

Versonnen blickte Narziß zum sternengeschmückten Nachthimmel empor, und das Wort des Dichters erklang in seinem Herzen.

„Liebe gibt nichts als sich selbst und nimmt nichts als von sich selbst. Liebe besitzt nicht, noch läßt sie sich besitzen. Denn die Liebe genügt der Liebe."

Während diese Worte durch seine Seele hallten, flogen seine Gedanken zu Goldlöckchen. Seit über zwanzig Jahren kreuzten sich nun schon ihre Wege - und weiter zurück in die Vergangenheit wiesen die Spuren des Geistes. Doch alle diese Jahre waren vorbeigezogen, ohne ihm das Rätsel jenes Wesens zu erschließen, das er Goldlöckchen genannt hatte, obwohl ihre Haare ebenholzfarben schimmerten. Vielleicht war es das goldene Licht ihrer Seele, das ihm den Namen auf die Lippen geschrieben hatte.

Goldlöckchen war noch ein Kind gewesen, als er sie zum ersten Mal getroffen hatte. Es war eine jener Begegnungen gewesen, in der sich das Bild unvergeßlich in die Erinnerung einprägte, weil es ein Ur-Bild spiegelte. Die weisen alten Griechen hatten von der „Wiedererinnerung" gesprochen, und sicher bezog es sich nicht nur auf philosophische Einsicht, sondern auch auf die Herzen der Menschen. Liebe genügte der Liebe; und Liebe vergaß nie. Sie fand sich stets wieder.

Narziß sah Goldlöckchen heranwachsen, rebellisch, selbstbewußt, aber mit einem Herzen voller Liebe. Einer Liebe, die noch nicht unterschied zwischen Mensch und Tier. Hase oder Katze, Freund oder Freundin, in der Unschuld der Jugend war noch keine Spaltung eingekehrt. Liebe umfing alles - auch wenn sie das Begrenzende zerstören mußte.

Es folgten Jahre, in denen Narziß Goldlöckchen fast aus den Augen verlor. Jeder folgte seinem Pfad, und als sie wieder in sein Leben trat, war aus dem Kind eine junge Frau geworden. Sie lebte im Norden, während das Schicksal Narziß in den Süden geführt hatte; und nur gelegentlich trafen sie einander.

Ein Lächeln überzog seine Miene, als Narziß an diese Zeiten dachte. Wie ein Wirbelwind war sie an jenen Tagen in sein Leben eingefallen. Ein lachender Sonnenschein, der sich verstrahlte, und ehe die Sterne zweimal heraufgezogen waren, schon wieder davongestoben war. Doch ein Hauch von Sonnenstaub war stets zurückgeblieben.

Dann jedoch war die unbeschwerte Zeit der Jugend endgültig dahingeschwunden, und die Hüter des Karma hatten ihr Recht eingefordert. Das Schicksal erhob unerbittlich seinen Preis, und Lebenslinien kreuzten sich, die vor Urzeiten schon in Leid oder Freude einander berührt hatten.

Nun begann für Narziß das Geheimnis von Goldlöckchen seine ersten Schatten zu werfen. Menschen erschienen in ihrem Leben, die ihm seltsam fremd erschienen und denen jenes goldene Licht fehlte, das sie umhüllte. Erst aus der Berührung mit Goldlöckchen begann es sich auch in ihnen zu offenbaren.

Manchmal glaubte Narziß, wenn er das Unvereinbare der Seelen erblickte, er müsse seine Stimme erheben, aber eine geheimnisvolle Macht versiegelte seine Lippen. Goldlöckchen mußte ihren Weg gehen, und ihre Schicksalsfäden waren um so vieles verworrener, als Narziß zu erahnen vermochte. Und dies sollte auch für ihn selbst gelten.

Als er gerade zu glauben begann, daß ihre Wege sich wieder trennen sollten, fand er plötzlich Goldlöckchen ganz eng an seine Seite gestellt. Über Nacht hatten sich ihre Lebenslinien überschnitten und Bande, geknüpft in Zeitenfernen, hatten ihre Seelen neu umfangen.

Narziß ließ seine Augen über das Firmament schweifen, und wieder erklangen des Dichters Worte in seinem Herzen.

„Denn so, wie die Liebe dich krönt, kreuzigt sie dich. So wie sie dich wachsen läßt, beschneidet sie dich."

Es sollten Jahre vergehen, ehe ihm der tiefe Sinn dieser Worte wahrhaft offenbar wurde.

Doch schon am Anfang ihres Weges stand der Schmerz. Weder Narziß noch Goldlöckchen vermochten es, Stärke durch Liebe zu verwandeln. Anstatt ihre Kräfte zu vereinen, maßen sie sie aneinander. Stand der eine wie ein Fels, so schlug der andere den Stein auf ihm, bis die Funken sprühten. War der eine das Schild, so schoß der andere den Pfeil ab, der ihn durchbohrte. Und doch leuchtete im Funken und im Flug des Pfeiles das goldene Licht auf.

Nur jenem Licht war es zu danken, daß Narziß und Goldlöckchen jene Jahre überlebten und einander nicht zerbrachen. Tief in ihnen warnte eine Stimme, daß sie ein heiliges Versprechen brechen würden, sollten sie den zerstörerischen Kräften den Sieg lassen. Manchmal war es ein Voranschreiten im Nebel. Keiner schien keinen zu kennen. Jeder war allein.

Es war Sommer geworden, und laue Winde erfüllten die Nächte. Auch Narziß und Goldlöckchen waren Kinder des Sommers, und der Geist jener verzaubernden Nächte öffnete erstmals wieder das Tor zu ihren Seelen.

Narziß wußte nicht mehr, ob es der Wein oder die Poesie gewesen war, aber erstmals hatte seine Seele Goldlöckchen wieder in ihrem innersten Wesen verspürt. Wie eine Verheißung aus lichten Höhen hatte er die Berührung ihres Geistes verspürt. Wie nahe war sie ihm in jener geheimnisvollen Sommernacht gewesen. Er hatte sie nie gefragt, was sie in jener Nacht empfunden hatte, aber auch sie mußte jene tiefe Berührung verspürt haben.

Jene Nacht öffnete neue Türen. Von nun an ließ Narziß Goldlöckchen ungewappnet vor die Portale seines Herzens treten. Wie konnte eine Lichtgefährtin ihn verletzen, die doch auf gleichen Pfaden mit ihm wanderte, dem einen, verborgenen Ziel entgegen.

Doch er mußte lernen, wie wahr der Dichter gesprochen hatte. Die Liebe krönte und kreuzigte. Er erkannte schmerzhaft, daß Leid und Glückseligkeit Geschwister waren. Er erlebte es, aber er verstand es nicht. Wie war es möglich, daß die Macht der Zerstörung und die Allgewalt der Liebe sich so unmittelbar in einem Menschen offenbaren konnten. Manchmal glaubte Narziß, er müsse die Pforten seines Herzens wieder verschließen, um den Schmerz zu vermeiden; doch er mußte erkennen, daß die Liebe nur die Macht verleiht, Tore zu öffnen, nicht aber, sie wieder zu schließen.

Die Nacht war inzwischen heraufgezogen, doch noch immer stand Narziß unverwandt und schaute den Sternen bei ihrem geordneten Lauf zu. Sternennächte - sie schienen auch sein Schicksal mit Goldlöckchen zu begleiten.

Sterne standen über Bergen und Seen, wenn ihre Seelen sich verbanden, jenseits von Pfeilen und Schildern, jenseits von Macht und Rivalität. Es waren Nächte voller Liebe und Magie. Regenbögen spannten ihre Bögen über sie, und Venus spiegelte sich im Wasser. Die Geister der Berge und die Nymphen der Seen umfingen sie und behüteten ihre Liebe. Zeitlos waren jene Augenblicke, und der Geist Gottes segnete ihre Lippen und Fingerspitzen.

Wenn Narziß an jene Nächte dachte, stellte er sich manchmal die Frage, ob Verlangen jene Stunden begleitet hatte. Doch er spürte genau, daß jene Momente geheiligt waren. Mochte er Goldlöckchen auch in bestimmten Stunden begehrenswert finden, dem irdischen Gesetz von Yin und Yang gehorchend, so waren jene „Nächte des Lichtes“ doch von einer Macht gesegnet, die jenseits alles Irdischen lag. In jenen Stunden war es ihnen gewährt, den Geist in Fülle im Körper zu empfangen. In jenen Stunden wäre es möglich gewesen, Körper und Geist zu vereinen und zu verbinden. Es war ein Mysterium jenseits der Worte.

In jenen Nächten gewährte Narziß Goldlöckchen Zutritt zum Altar seines Herzens, und für den Hauch eines Augenblicks betrat sie auch jenen Raum - behutsam, zärtlich und umfangen vom Duft aufgeblühter Rosen. Und auch sie selbst öffnete sich weit für Narziß, wenngleich sie ihm den Zugang zum Allerheiligsten verwehrte. Es schien ihm, als wollte sie sich nicht in gleichem Maße wie er selbst wehrlos machen. Vielleicht wollte sie nicht durchleiden, daß Liebe krönt und kreuzigt.

Bei diesem Gedanken ging ein schmerzlicher Zug über das Gesicht von Narziß. Zu grausam war die Erinnerung an die Pfeile, die schon kurze Zeit später ihren Weg in das nun ungeschützte Heiligtum seines Herzens gefunden hatten. Noch immer verstand er nicht, warum Goldlöckchen immer wieder die Rosen brechen mußte, die sie doch selbst auf dem Altar seines Herzens niedergelegt hatte. Welche Macht zwang sie dazu, das zu zerstören, was sie doch selbst lieben mußte?

Narziß wußte sich keinen anderen Rat mehr, als mit seinem blutenden Herzen seinen weisen alten Lehrer aufzusuchen und um Rat zu bitten.

Als Narziß seinem geistigen Meister gegenübersaß, ergriff er seine Hand und sprach zu ihm: „Narziß, mein junger Bruder, alle Deine Schmerzen sind auch die meinen. Kein Leid, daß nicht auch meine Seele verwundet hat. Nur wer durch das Tal der Tränen gewandert ist, findet den Weg zum Gipfel, wo der Tempel des Allerhöchsten steht. Deine Liebe zu Goldlöckchen wird Dir einen Schlüssel zum Tempeltor schenken, doch beachte wohl: Du wirst die Liebe von Goldlöckchen nur empfangen, wenn Du sie nicht suchst. Dies ist der einzige Weg, sie zu finden. Du mußt ihr unbeabsichtigt begegnen und nicht durch Anstrengung oder Erfahrung. Dann wirst Du entdecken, daß eine solche Liebe zeitlos ist. Du wirst entdecken, daß eine solche Liebe sowohl persönlich als auch unpersönlich ist, sie gehört Dir, aber auch allen anderen. Sie ist wie eine duftende Blume, Du kannst ihren Duft wahrnehmen oder an ihr vorübergehen. Die Liebe von Goldlöckchen ist wie eine Blume, sie ist für jeden da und besonders für jenen, der sich die Zeit nimmt, ihren Duft innig einzuatmen und sie mit Entzücken anzuschauen. Ob man ihr im Garten ganz nah ist oder weit entfernt, für Goldlöckchen ist es das Gleiche, weil sie voll des Duftes ist und ihn verströmt."

Narziß hatte voller Ergriffenheit den Worten seines weisen Lehrers gelauscht. Wie Himmelsperlen waren sie in seine Seele gesunken; aber noch immer blieb der Schmerz in ihm zurück. Warum dieser Schmerz, warum fügte ihm Goldlöckchen noch immer diese Wunden zu, die Narben hinterließen.

Da ergriff sein Meister seine Hand und blickte ihm schweigend in die Augen. In diesem Schweigen verstand Narziß, und wieder erklang das Wort des Dichters in seinem Herzen - oder war es die Stimme seines Meisters?

„Zu lieben bedeutet, zu schmelzen und wie ein plätschernder Bach zu sein, der seine Melodie der Nacht singt.

Zu lieben bedeutet, vom eigenen Verstehen der Liebe verwundet zu sein und willig und freudig zu bluten."

In dieser Nacht hatte Narziß noch lange die Hände des Meisters gespürt. Seine Worte hatten alle Wunden geheilt und seiner Seele Frieden geschenkt.

Jenen Frieden trug er noch immer in seinem Herzen, doch auch die Liebe und Zärtlichkeit für Goldlöckchen.

Und während allmählich Schleierwolken den Mond und die Venus verhüllten, fragte sich Narziß, ob Goldlöckchen ihm je die Türe ihres Herzenstempels öffnen würde. Doch noch während diese Gedanken durch seinen Geist zogen, erkannte er, daß diese Frage ihre Bedeutung für ihn verloren hatte.

Ein Lächeln überzog sein Gesicht, und als er aufsah, hatte die Wolke ihren Weg durch die Nacht fortgesetzt - und Venus grüßte mit silbernem Strahl.

Die Adventskerze

Die Adventskerze

Graue Nebel zogen über das Berner Oberland und verhüllten die majestätischen Berge. Hinter dem kleinen Kinderheim, hoch über dem Brienzer See auf dem Beatenberg gelegen, drückten sich viele Kindernasen an den Fenstern platt, sehnsüchtig Ausschau haltend nach der weißen Flockenpracht. Der Wetterbericht hatte Schnee versprochen, aber weit und breit waren nur die alten Nebelfrauen zu erkennen. Der Engel des Winters schien noch immer weit von den Schweizer Bergen entfernt zu sein, obwohl heute der 1. Advent gefeiert wurde.

Unter den Kindern, die betrübt in die nebelverhangene Landschaft schauten, war eines besonders traurig. Es war ein kleiner Tibeter, der erst vor wenigen Tagen aus Indien auf den Beatenberg gekommen war. Er vermißte den Schnee mehr als alle anderen, obwohl der Wechsel aus dem heißen Süden Indiens in die Schweizer Bergwelt schon so etwas wie ein Gefühl von Heimat in ihm ausgelöst hatte.

Lobsang war elf Jahre alt, wirkte aber schon wie ein vierzehn- oder fünfzehn-jähriger Junge, was sicherlich auf seine bewegende Lebensgeschichte zurückzuführen war. Er war ein Waisenkind und hatte auf tragische Weise seine Eltern verloren. Sein Vater war ein schweizerischer Mitarbeiter der Vereinten Nationen gewesen. Er gehörte zu einer Delegation, die auf Drängen der Exil-Tibeter nach Lhasa gereist war, um die chinesischen Menschenrechtsverletzungen auf dem „Dach der Welt“ zu untersuchen. Er hatte sich in Lobsangs Mutter verliebt, war dann aber auf einer Inspektionsreise nach Shigatse mit seinem Jeep verunglückt, während Lobsang noch gar nicht geboren war.

In den ersten Jahren seines Lebens hatte Lobsangs Mutter sich und ihren kleinen Sohn nur mühsam durchbringen können. Unter ihren eigenen Landsleuten nahm sie eine Außenseiterrolle ein, und die Chinesen machten ihr das Leben besonders schwer. Zuletzt hatte sie nur noch eine Wahl gesehen, zum Dalai Lama nach Dharamsala, in den Norden Indiens, zu fliehen. So schloß sie sich einer kleinen Gruppe an, die versuchen wollte, auf dem schwierigen, aber wenig kontrollierten Weg über die Bergpässe nach Nordindien zu gelangen. Sie waren erst spät im Herbst aufgebrochen, da zu dieser Zeit die chinesischen Grenzposten wegen des hereinbrechenden Winters schon abgezogen worden waren. Unglücklicherweise geriet die Gruppe in einen schweren Schneesturm. Nur drei der Tibeter überlebten, zwei kräftige Mönche und der kleine Lobsang. Er hatte unter dem Körper seiner Mutter Schutz vor dem fürchterlichen Unwetter gefunden, und die beiden Mönche hatten erst jenseits der Himalaya-Bergkette bemerkt, daß die zusammengesunkene Frau auf dem Yak gestorben war und nur ihr kleiner Junge überlebt hatte.

In Dharamsala hatte eine Schweizer Hilfsorganisation, die eng mit der Tibetischen Exilregierung zusammenarbeitete, von Lobsangs traurigem Schicksal gehört. Sie hatten den Dalai Lama gebeten, den kleinen Tibeter in ihre Obhut nehmen zu dürfen. Der Dalai Lama hatte eingewilligt, und so war Lobsang in das größte Schweizer Flüchtlingszentrum nördlich von Madras gekommen. Erstmals lebte Lobsang in einem so heißen Klima, wie es der Süden Indiens hervorbringt. Schon bald war er erkrankt und hatte sich sehr unglücklich gefühlt. Er vermißte die Berge und den Schnee.

Eines Tages hatte er sein Leid einem der Schweizer Helfer anvertraut. Dieser stammte aus Grindelwald und konnte den Kummer des kleinen Tibeters gut verstehen, vermißte er doch selber oft seine geliebten Berggipfel. So hatte er eines Tages in der Schweiz angefragt, ob es eine Möglichkeit gäbe, Lobsang in seine Heimat zu bringen.

Auf diese Weise war der kleine Tibeterjunge ins Berner Oberland gelangt. Er fühlte sich noch ein wenig verlassen unter den anderen Kindern, zumal er ihre Sprache nicht verstand. An diesem ersten Advent jedoch sollten zwei Mönche aus dem Tibet-Institut in Rikon zu Besuch kommen. Das Tibet-Institut war mit der Hilfe vieler Schweizer gegründet worden, um den tibetischen Flüchtlingen in der Schweiz die Möglichkeit zu geben, ihre Kultur und ihre Traditionen zu bewahren. Es lag auf einem kleinen Höhenzug zwischen Zürich und Winterthur und bedeutete ein Stückchen Heimat für viele Tibeter.

Lobsang freute sich, mit den beiden Mönchen in seiner Muttersprache sprechen zu können. Sie hatten eine große Kerze mitgebracht, denn sie wußten, daß die Schweizer in diesen Tagen des Kommens eines großen Lamas mit Namen Jesus gedachten. So wollten die Tibeter auch diesem großen Lama die Ehre erweisen.

Sie saßen vor einem kleinen Kamin, schauten auf die brennende Kerze und sangen leise „Om Mani Padme Hum", das ehrwürdige alte Mantra Tibets.

Lobsang sah in die Flamme, ein wenig traurig und ein wenig glücklich, und eine kleine Träne fiel aus seinem Auge. Er wußte aber nicht, ob sie aus der Traurigkeit oder dem Glücklichsein geboren war.

Während er so auf die Kerze schaute, leuchtete die Flamme immer heller und heller, und allmählich erschien ein wunderschönes Gesicht im Feuer der Kerzenflamme. Lobsang erinnerte sich, daß seine Mutter ihm früher von den Dakinis oder Devas erzählt hatte. Vielleicht war dieses Wesen ein Deva. Wer immer es war, Lobsang fühlte keine Angst und sah erwartungsvoll in das leuchtende Gesicht.

Da löste sich aus dem Augenpaar ein goldener Flammenstrahl, der auf Lobsangs Stirn fiel. In diesem Augenblick wurde das ganze Zimmer hell, und Lobsang konnte noch viele andere leuchtende Wesen erkennen. Sie winkten ihm zu und zogen sich dann langsam zu den großen Bergen zurück.

Lobsang sah auf die beiden Mönche, aber diese schienen nichts bemerkt zu haben. Verwundert stand er auf und schaute aus dem Fenster. Leise fielen die ersten Schneeflocken, und von Ferne sah er noch immer die leuchtenden Wesen, die er von nun an immer sehen würde. - Doch das wußte er damals noch nicht.

Die Kirche von Tecati

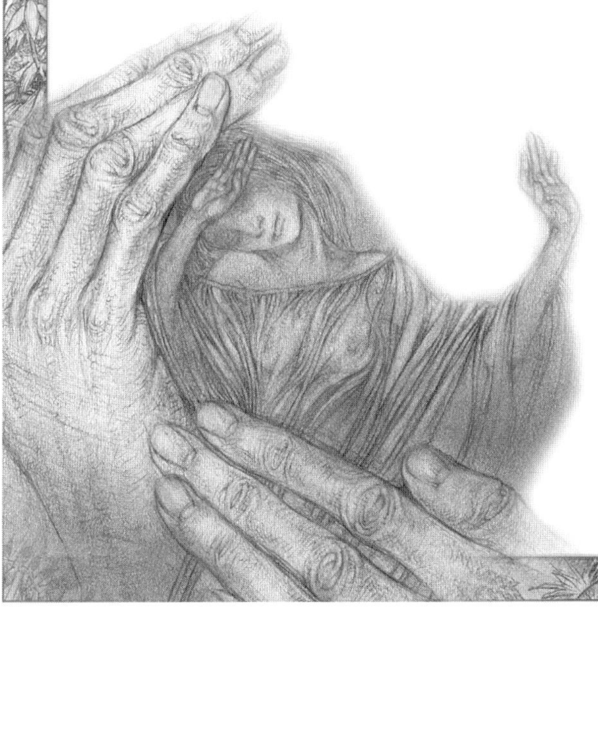

Die Kirche von Tecati

Conchita hatte Juan schon als kleines Mädchen kennengelernt. Bereits damals war er ihr großer Beschützer gewesen, obwohl er nur knapp zwei Jahre älter als sie war. Wenn es zwischen den verfeindeten Straßenbanden von Tecati Streit gegeben hatte, und dies war oft der Fall gewesen, war Juan stets bedacht, Conchita aus den Kämpfen herauszuhalten. Dies war nicht immer ein einfaches Unterfangen, denn die Kinder aus dem Armenviertel hatten nur wenige Plätze, an denen sie sich aufhalten konnten; und so waren Conchita, wie auch ihre Spielkameradinnen, schon sehr früh mit Gewalt und der Härte des Lebens in Kontakt gekommen.

Während sie heranwuchsen, gab es kaum Gelegenheit, etwas zu erlernen, um im späteren Leben eine Chance zu haben, einem Schicksal in den Elendsvierteln zu entkommen. So war es nur einem außerordentlich glücklichen Umstand zu verdanken, daß Juan in ein kleines Schulprojekt aufgenommen wurde, das ein amerikanisches Ehepaar ins Leben gerufen hatte. Tecati lag nur wenig mehr als dreißig Kilometer südlich der kalifornischen Großstadt San Diego.

Juan war der jungen Amerikanerin in der kleinen Straßenkapelle aufgefallen, als er ganz im Gebet versunken vor der etwas kitschigen Jesus-Figur kniete.

Juan war ein sehr gläubiger junger Mexikaner, und er war zutiefst überzeugt, Jesus hätte ihn in die kleine amerikanische Schule geführt.

Er erzählte Conchita voller Begeisterung von seinem neuen Leben und versprach ihr, einen Beruf zu erlernen, Geld zu verdienen und sie dann zu heiraten.

Und Juan hielt Worte. Er lernte mit großem Eifer und brachte es bald zu einem begabten Schreiner. So gelang es ihm, Arbeit in einer kleinen Baufirma zu finden und seine Freundin aus Kindertagen zur Frau zu nehmen.

Als am Abend ihrer Hochzeit endlich auch die letzten Gäste gegangen waren und die Musiker ihre Instrumente eingepackt hatten, nahm Juan Conchita an die Hand und trat mit ihr vor die kleine Hütte, die von nun an ihr Zuhause sein sollte. Über ihnen erstrahlte ein wundervoller Sternenhimmel, und Juan ergriff die Hand seiner jungen Frau noch fester.

„Conchita, ich muß Dir von einem Gelübde erzählen, das ich abgelegt habe. Als ich in die Schule aufgenommen wurde, habe ich Jesus versprochen, ihm zum Dank eine neue Kirche zu bauen, schöner und größer als unsere alte an der Straße. Ich werde mein Gelübde halten, und ich hoffe, Du wirst mir dabei helfen.“

Conchita erschrak ein wenig bei diesem Bekenntnis, denn sie konnte sich nicht vorstellen, wie sie eine große Kirche bauen sollten, wo es doch schon an ein Wunder grenzte, daß sie jetzt in einer eigenen kleinen Lehmhütte leben konnten.

Aber Juan war zutiefst überzeugt, einem göttlichen Auftrag zu folgen. Mit dem Segen von Jesus würden sie diese Kirche errichten.

Schon am nächsten Tag hatte Juan mit einem der Großgrundbesitzer gesprochen, von dem er wußte, daß er einer der wenigen gläubigen Menschen unter den Reichen war. Dieser hatte ihm auch tatsächlich ein kleines Stück Land geschenkt, und Juan hatte voller Begeisterung sofort mit der Arbeit begonnen.

Von nun an war die Kirche ihr Leben. Jede freie Minute war Juan mit dem Bau beschäftigt. Es gelang ihm immer wieder, ohne Bezahlung ein paar Steine oder ein wenig Zement zu bekommen, um wieder ein kleines Stück weiterbauen zu können.

Conchita half ihrem Mann mit freudigem Herzen, wenngleich sie auch einen anderen Gedanken in ihrer Seele bewahrte. In der Nacht nach ihrer Hochzeit hatte sie einen Traum, in dem sie sich von vielen Kindern umgeben sah, für die sie sorgte. Es war ein besonderer Traum gewesen, anders als alle Träume zuvor. Sie glaubte daher, ihre Verbindung mit Juan würde mit vielen Kindern gesegnet sein.

Doch die Jahre gingen dahin, und Conchita trug noch immer kein Kind unter ihrem Herzen. Dies betrübte sie und zeichnete eine erste Sorgenfalte in ihr zartes Gesicht, zu der sich bald weitere gesellen sollten. Juan war kaum noch in ihrer Hütte, er war mit seiner Kirche verheiratet. Er war nicht mehr begeistert von seiner Idee, er war von ihr besessen. Stunden um Stunden, Tage und Monate verbrachte er auf der Baustelle, um, wie er ihr sagte, als Arbeiter im Weinberg des Herrn zu dienen. Er baute nicht mehr aus Liebe, er baute aus einem Schuldkomplex. Er glaubte, er müsse die Kirche bauen, um sich dankbar dafür zu erweisen, daß Jesus ihm die Möglichkeit gegeben hatte, einen Beruf zu erlernen und dem vorgezeichneten Schicksal des Armenviertels zu entkommen.

Es war nicht nur diese Besessenheit, die Conchita Sorgen bereitete, sondern auch seine Gesundheit litt unter der übermenschlichen Arbeitslast, die er sich auferlegte. Er arbeitete bis zu zehn Stunden täglich in seiner Firma und verbrachte dann alle Abende und Wochenenden auf der Kirchenbaustelle.

So ahnte sie schon das Unheil, als eines Abends Alfonso, Juans bester Freund, der mit ihm an der Kirche baute, in ihre Hütte stürzte und sie bat, sofort mit ihm zur Baustelle zu kommen. Juan sei plötzlich zusammengebrochen, und es sähe sehr schlimm aus.

Als Conchita sich neben ihn kniete, konnte er nur noch flüstern. Seine Arme und Beine waren gelähmt, und sie erkannte, er würde nicht mehr lange zu leben haben. Liebevoll nahm sie seine Hände und neigte sich zu seinen ausgetrockneten Lippen herab.

„Versprich mir, dem Herrn zu dienen und meine Arbeit fortzusetzen."

Conchita konnte nur nicken. Was hätte sie auch antworten sollen. Sie schaute in Juans Augen, und noch einmal leuchtete darin jene Liebe auf, die sie schon als Kinder für einander empfunden hatten. Sein Kopf neigte sich zu ihr - und dann war Juan gegangen.

Conchita saß noch eine Weile bei ihm, seinen Kopf in ihrem Schoß, und die Tränen liefen über ihre Wangen. Wie sollte sie ihr Versprechen halten und Juans Werk fortsetzen.

Am nächsten Morgen begruben sie Juan in der Nähe seiner geliebten Kirche, der er sein Leben gewidmet und die sein Opfer angenommen hatte. War es ein gottgefälliges Opfer gewesen?

Conchita mußte Arbeit suchen, um sich zu ernähren und die kleine Hütte zu erhalten. Sie versuchte überall in Tecati, eine Anstellung zu finden, aber niemand wollte der jungen mexikanischen Witwe, die weder lesen noch schreiben konnte, Arbeit geben.

Voller Verzweiflung ging sie eines Abends zur Kirchenbaustelle. Wie sollte sie ihr Versprechen erfüllen, wenn sie nicht einmal genug zum Leben hatte? Sie ging auf den kleinen Steinaltar zu, den Juan noch kurz vor seinem Tod errichtet hatte. Über dem kargen, schmucklosen Altartisch hing ein kleines Holzkreuz, das sie bisher noch gar nicht bemerkt hatte. Es mußte erst vor kurzem von Juan dort angebracht worden sein.

Sie sank auf die Knie, und wieder liefen die Tränen über ihr Ge-

sicht. Wie sollte das Morgen aussehen, wenn über dem Heute die Schatten der Verzweiflung hingen?

Während sie zusammengesunken vor dem Altar kniete, war der Mond über dem offenen Kirchendach erschienen, und sein silberner Glanz fiel auf das Holzkreuz. Conchita hob ein wenig den Kopf, und in diesem Augenblick spürte sie, wie zwei Hände sie emporhoben. Sie wollte sich umdrehen, doch die Hände kamen aus einem so strahlenden Licht, daß sie die Augen schließen mußte. Dann vernahm sie eine Stimme.

„Warum willst Du mir ein Haus aus Stein bauen? Wohne ich nicht in den Herzen der Menschen? Wenn Du mir dienen willst, so gehe zu jenen Armen und Kranken, bei denen Du einst gewohnt hast. Sie bedürfen Deiner Hilfe. Ich suche nach Händen, die segnen und heilen, Häuser aus Stein vermögen dies nicht zu vollbringen. Ich nahm Juan zu mir, weil er diese einfache Lehre vergessen hatte. Er soll sie wieder in sein Herz aufnehmen, ehe ich ihn zu den Menschen zurücksende. Du aber sollst mein Werkzeug sein."

Während Conchita diese Worte vernahm, spürte sie ein warmes Licht auf ihren Händen, die in einem goldenen Glanz schimmerten, und auf ihrer Stirn spürte sie die sanfte Berührung von unendlich liebevollen Fingern. Sie wollte etwas sagen, doch die Kraft, die sie umhüllte und erfüllte, war so stark, daß sie bewußtlos zu Boden sank.

Als sie erwachte, war der Mond schon ein gutes Stück weiter gewandert. Sie schaute sich um, doch sie war allein auf der Baustelle.

Plötzlich hörte sie Schritte, und ihr Herz schlug schneller.

„Conchita, bitte komm, mein kleiner Bruder ist krank, und Du mußt ihm helfen."

Ein kleiner Junge stand an der Eingangsmauer und blickte sie an.

„Wie kommst Du hierher?" fragte sie verblüfft.

„Ich hatte einen Traum, in dem eine Stimme mir sagte, ich solle hierher kommen. Ich würde eine Frau finden, die meinen kleinen

Bruder wieder gesund machen würde. Ich wußte nicht, daß Du das sein würdest."

Er ging auf sie zu, ergriff ihre Hand und zog sie mit sich fort. Schon bald erreichten sie die armseligen Behausungen, in denen sie selbst viele Jahre gelebt hatte. Der kleine Bursche zog sie in eine Papphütte, wo ein krankes Kind lag.

Conchita blickte es an, und plötzlich sah sie verschiedene Lichter um den schmalen Körper herum. Nur an der Stelle seines Herzens befand sich ein kleiner schwarzer Fleck. Ohne zu zögern legte sie ihre Hand darauf und spürte, wie ein warmer Lichtstrahl in den Körper des kleinen Kranken floß. Schon nach kurzer Zeit schlug er die Augen auf und sagte ihr, jetzt ginge es ihm gut. Er richtete sich auf und Conchita sah, daß der dunkle Fleck über seinem Herzen verschwunden war.

„Siehst Du, ich wußte, daß Du meinem Bruder helfen würdest."

Sie hatte den kleinen Kerl, der sie aus der Kirche geholt hatte, ganz vergessen und drehte sich gedankenverloren zu ihm um.

Neben ihm stand jetzt ein kleines Mädchen, das sie aus großen, dunkelbraunen Augen anblickte.

„Kannst Du meiner Mutti auch helfen? Sie ist sehr krank und kann meinen zwei kleinen Schwestern und mir nicht einmal etwas zu essen kochen."

„Ich weiß nicht", antwortete Conchita der Kleinen. „Aber ich will es versuchen. Komm, bringe mich zu ihr."

Auch bei der kranken Frau sah Conchita wieder die Lichter, doch bei ihr war das linke Bein von einem langen schwarzen Band durchzogen. Mit schwacher Stimme sagte ihr die junge Frau, sie sei von einem Skorpion gebissen worden. Offensichtlich war das Gift in den Körper eingedrungen und hatte eine Blutvergiftung ausgelöst. Conchita setzte sich neben sie und strich mit beiden Händen langsam über das Bein. Ganz allmählich zog sich das schwarze Band zurück, bis auch die letzten Reste aus dem Fuß verschwanden. Nach wenigen Augenblicken konnte die Frau sich erheben und dankte Conchita, mit Tränen in den Augen. Ihre beiden kleinen Töchter hielten ihre Hände und versteckten sich ein wenig hinter ihrer Mutter, während das älteste der drei Mädchen Conchitas Hand festhielt und gar nicht wieder loslassen wollte.

Schon bald hatte sich unter den Armen und Obdachlosen von Tecati die Kunde von Conchitas heilenden Händen herumgesprochen. Die Menschen kamen von morgens bis abends in ihre Hütte, um mit ihr zu sprechen und von ihr geheilt zu werden. Manchmal mußte sie ihre Hände gar nicht auflegen, denn sie sah, daß es eine Krankheit der Seele war, die sie behandeln mußte. Und immer fand sie die rechten Worte.

Eines Tages saß sie vor ihrer Hütte, und eine ganze Schar von Kindern umringte sie. Sie betrachtete sie mit einem Lächeln und erkannte in diesem Augenblick das Bild aus dem Traum nach ihrer Hochzeit wieder. Dies waren ihre Kinder, und sie gelobte in ihrem Herzen, ihnen eine gute Mutter zu sein.

Die verwunschene Rose

Die verwunschene Rose

Jean Frontsac war ein herrschsüchtiger Mann. Er war willensstark und unnachgiebig, wenn es um die Durchsetzung seiner Pläne ging. So war es ihm gelungen, in wenigen Jahren eines der größten Weinhandelshäuser Frankreichs aufzubauen.

Seine Frau war früh gestorben, und so war ihr einziges Kind, Rebecca, mit ihm allein aufgewachsen. Rebecca trug den Namen ihrer jüdischen Großmutter, ganz gegen den Willen ihres Vaters, der die jüdische Linie der Familie lieber verschwiegen hätte. Rebecca aber hatte ihre Großmutter geliebt, und die Stunden, in denen sie ihren Erzählungen aus der geheimnisvollen Welt der Chassidim gelauscht hatte, zählten zu den glücklichsten ihrer Kindheit. Die großen Gestalten der Kabbala, wie der Baalschem oder Isaak von Luria, waren ihr seltsam vertraut gewesen.

In den strengen Internatsschulen, die ausschließlich von katholischen Ordensschwestern geleitet worden waren und auf die sie von ihrem Vater wegen des hohen moralischen Ansehens gesteckt wurde, vermißte sie die Wärme und Lebendigkeit jener Tradition, die sie von ihrer Großmutter kennengelernt hatte. Die Schwestern waren gut und gerecht; aber sie *wollten* gut und gerecht sein. Sie waren es nicht, weil es einfach ihrem Wesen entsprach. Ihr Leben schien nur aus Geboten und Verboten zu bestehen, und es gab nichts Schlimmeres, als eines von ihnen zu übertreten.

Als Rebecca nach ihrem Abschluß endlich die Schule in den Schweizer Bergen verlassen konnte, freute sie sich auf ihre Heimat. Wie sehr hatte sie das Meer vermißt, die Palmen, den Strand und die lachenden Menschen, die vom Frühling bis in den Spätsommer in die beliebten Mittelmeerorte an der französischen Cote d'Azur einfielen wie Heuschreckenschwärme. Waren sie oft auch laut und grob, so pulsierte unter ihnen doch mehr Leben als in ihrer wohlgeordneten und behüteten Internatswelt.

Sie war mit dem Flugzeug von Zürich nach Nizza geflogen, wo der Chauffeur ihres Vaters sie abgeholt hatte. Die warme Mittelmeerluft hatte sich in ihren langen Haaren verfangen, und mit tiefen Atemzügen trank sie das Elixier sprudelnden Lebens. Wieviele Pläne und Ideen hatte sie.

Ihr Vater empfing sie mit einem kühlen Kuß auf die Wange, aber das war sie gewohnt von ihm. Gefühle hatten in seinem Wesen keinen Platz. Sie war in ihr Zimmer gestürmt, hatte sich ein luftiges kurzes Sommerkleid angezogen und war zur kleinen Festung am Strand von Mandelieu la Napoule gelaufen. Sie liebte diesen romantischen, mittelalterlichen Platz schon seit ihrer Kindheit. Es war erst früher Nachmittag, und ihr Vater hatte für acht Uhr ein festliches Abendessen angesetzt. Er hatte ihr Gäste angekündigt, aber das störte sie jetzt wenig. Sicher waren es Geschäftspartner, und sie sollte wieder einmal die Rolle der Dame des Hauses spielen.

Rebecca sah zauberhaft in ihrem violetten Abendkleid aus, als sie den Speisesaal betrat. Sie hatte richtig geraten, die Gäste waren die Ligiers, die ein großes Weinhandelshaus in Monte Carlo besaßen. Diesmal war auch ihr Sohn Jean-Claude mitgekommen. Sie hatte ihn schon vor einem Jahr einmal getroffen. Er war ein widerlicher, arroganter Jüngling. Viel Geld und wenig Geist.

Die Gäste paßten nicht ganz zu Rebeccas Stimmung, aber auch dieser Abend würde schnell vorübergehen. Zumindest dachte sie dies, als der Champagner serviert wurde. In diesem Augenblick ahnte sie noch nicht, daß dieser Abend alle Pläne ihres Lebens zerstören würde.

Später tauchte immer wieder jener Moment in ihren Träumen auf, als ihr Vater ihr mitteilte, die beiden Familien würden in der nächsten Woche ihre Verlobung bekanntgeben und die Verbindung ihrer beiden Firmen zum größten Weinhandelshaus Frankreichs.

Es war ein furchtbarer Schock für Rebecca gewesen. Sie hatte zwei Tage benötigt, um sich zu sammeln und mit ihrem Vater zu sprechen. Aber es war völlig sinnlos gewesen. Er hatte seine Entscheidung getroffen, und es war selbstverständlich für ihn, daß sie von seiner Tochter respektiert wurde. Jean-Claude schien der Plan ihrer Hochzeit nicht zu stören, er würde sein Leben nicht durch den Umstand ändern, daß jetzt eine Frau in seinem Haus wohnte.

Einen Monat vor den festgelegten Hochzeitsfeierlichkeiten hatte Rebecca noch einmal allen Mut zusammengenommen und ihren Vater mit großer Entschiedenheit gebeten, die Verlobung aufzulösen. Es hatte einen furchtbaren Streit gegeben, und zum Schluß war sie von ihrem Vater angeschrien worden: „Da müßte schon die verwunschene Rose von St.Marie de la Mer zu blühen anfangen, ehe ich meine Pläne ändere."

Dieser Satz hatte sie besonders getroffen, denn nach einer alten Legende, die die Fischer erzählten, war die einst blühende Rose, die fast die ganze Kirche umrankte, über Nacht abgestorben, als die Tochter des Schloßgrafen mit einem Seeräuber geflohen war, um der grausamen Herrschaft ihres Vaters zu entkommen. Die Tochter hatte die Rose geliebt, und als ihr Vater sie verfluchte, erstarben in der Nacht sämtliche Rosenblüten.

Die Hochzeit wurde in großem Stil gefeiert, und alle wichtigen Weinerzeuger und Handelspartner aus nah und fern waren zu dem besonderen Anlaß angereist. Es war ein Alptraum für Rebecca gewesen, der auch in der Nacht nicht geendet hatte. Zu allem Unglück

hatte sie in ihrer Hochzeitsnacht auch noch ein Kind empfangen.

Inzwischen waren einige Jahre vergangen, und ihre kleine Tochter, die sie nach ihrer Großmutter Sulamith getauft hatte, war ihre einzige Freude. Sie glich ihrer Mutter aufs Haar und liebte sie abgöttisch.

Rebecca versuchte, soviel Zeit wie möglich mit ihrer Tochter zu verbringen, doch ihr Mann und ihr Vater zwangen sie, fast den ganzen Tag in der Firma zu arbeiten. Sie mußte mit den Kunden sprechen, denn ihr flogen alle Sympathien zu. Sie durfte allerdings nicht einmal Briefmarken kaufen; sie sollte nur freundlich lächeln. Ihr Mann und ihr Vater hielten sie in einem Zustand völliger Abhängigkeit. Keinen Franc konnte sie ausgeben, ohne nicht darüber Rechenhaft ablegen zu müssen. Ohne ihre kleine Tochter, das wußte Rebecca in ihrem Herzen, hätte sie sich längst vom Turm der alten Zitadelle auf die Klippen gestürzt. Oft saß sie an stürmischen Tagen allein auf dem Turm und ließ die Windgeister mit ihren Haaren spielen. Es gab keinen Ausweg; sie konnte ihre Tochter nicht verlassen, und für sie gemeinsam sah sie, mittellos wie sie war, erst recht keinen Fluchtweg.

Inzwischen wuchs das Weinhandelshaus, und immer mehr internationale Geschäftspartner kamen hinzu. Vor allem Kalifornien war zu einem wichtigen Importland geworden, und Jean-Claude mußte immer häufiger über den Atlantik ins Napa Valley. Als er wieder einmal in den Vereinigten Staaten weilte, hatte ihr Vater eine Reise nach Beirut geplant, um mit dem Besitzer des berühmten Chateau Musar über einen Alleinvertretungsvertrag für Frankreich zu verhandeln,

Doch diesmal sollte es anders kommen. Am Vorabend seiner geplanten Reise stürzte Jean Frontsac im Bad und brach sich den linken Mittelfuß. Es war ausgeschlossen, am nächsten Tag nach Beirut zu fliegen. Da auch Jean-Claude Ligiers in Kalifornien unabkömmlich war, rief er widerstrebend seine Tochter zu sich und trug ihr auf, an seiner Stelle nach Beirut zu fliegen. Die Weine von Chateau Musar waren so begehrt, daß die Vertretung an die Konkurrenz gehen würde, wenn die Vertragsverhandlungen jetzt nicht zu einem Abschluß gebracht würden.

Rebecca fühlte sich wie ein Vogel, der aus einem goldenen Käfig entflohen war. Endlich wieder in Freiheit! Erstmals nach vielen Jahren konnte sie über eigenes Geld verfügen, konnte gehen, wohin sie wollte, und frei atmen.

Die Besitzer von Chateau Musar und der Geschäftsführer des Weingutes holten sie in Beirut ab, und schon bald waren die Verträge unterschrieben. Da ihr noch zwei Tage bis zum Rückflug blieben, fragte sie die Gutsbesitzerin, ob ihr vielleicht jemand ein wenig vom Libanon zeigen könnte. Zu ihrer Freude hatte sich der Geschäftsführer selbst bereit erklärt, ihr die Schönheiten seiner Heimat zu zeigen. So hatte sie mit Israel Cohen das herrliche kleine Land besichtigt und als Höhepunkt ihrer Reise das Museum von Khalil Gibran in Becharré besucht, dem berühmtesten Sohn des Landes. Während sie vor dem kleinen Museum saßen, hatten sie über ihre jüdischen Namen gesprochen, und Rebecca hatte erfahren, daß Israel von polnischen Chassidim abstammte. Auch für ihn waren die kabbalistischen Lehren ein Eintauchen in die Vergangenheit gewesen. Als die Sonne über den Zedern des Libanon versank, hatte er seine Hand auf die ihre gelegt - eine Geste wie eine Verheißung.

Am nächsten Tag war sie zurück nach Nizza geflogen, und alles schien wie zuvor. Ihr Vater war sehr zufrieden über den Vertragsabschluß gewesen; aber ansonsten hatte sich nichts geändert. Nur in ihrem Herzen war eine Verwandlung eingetreten. Sie war erwacht aus der verzweifelten Erstarrung, und eine kleine Kerze der Hoffnung brannte.

Doch dann vergingen Wochen und Monate, und die Trostlosigkeit des Alltags kehrte zurück. Ihr Mann und ihr Vater ließen ihr keinen Raum, um ihrer Abhängigkeit zu entfliehen. So vergingen fast zwei Jahre, als die Frachtpapiere im Büro das Eintreffen der ersten Lieferung von Chateau Musar ankündigten. Der Wein hatte zwei Jahre in kleinen Eichenfässern, den Barriques, gelagert, bevor er auf Flaschen abgefüllt wurde und zur Auslieferung gelangte. Für den nächsten Montag war die Zustellung der verzollten Fracht angekündigt. Rebecca beschloß, sie selbst in Empfang zu nehmen. Es würde eine Erinnerung an die Tage im Libanon sein.

Als die Lastwagen in den Hof rollten, stand sie selbst am Tor, und so konnte sie sich vor Schreck gerade noch am Gitter festhalten, als sie einen jungen Mann aus dem ersten Wagen springen sah, der mit offenen Armen und einem strahlenden Lächeln auf sie zukam - es war Israel Cohen. Er küßte sie liebevoll auf die Wangen und überwachte dann mit ihr das Ausladen der wertvollen Kisten.

Am Abend gab ihr Vater ein festliches Abendessen, um das Eintreffen der edlen Flaschen aus dem Libanon gebührend zu feiern. Weder er noch Jean-Claude ahnten, warum Rebecca an diesem Abend ihr schönstes Kleid trug und vor Glück zu strahlen schien.

Israel Cohen blieb noch zwei Tage in Mandelieu, und es schien nur natürlich, daß Rebecca ihm die Gegend zeigte. Jean-Claude war ohnehin an Rebecca nicht als Frau interessiert. Sie gehörte gewissermaßen zur Firma, und mehr war dazu nicht zu sagen.

Als Rebecca Israel nach zwei Tage zum Flughafen fuhr, wußten sie beide, welche Gefühle sie füreinander empfanden.

„Ich komme wieder. Bald. Sehr bald", versprach Israel, bevor er zum Abflug-Gate ging.

Als Rebecca nach Mandelieu zurückfuhr, hielt sie kurz vor dem Ortsanfang an, parkte den Wagen und setze sich auf eine kleine Bank am Strand. Sie schaute lange in die untergehende Sonne und erkannte, daß sie im Widerstreit zwischen Glück und Angst lebte. Sie wußte, daß sie Israel liebte und ihre Liebe erwidert wurde. Sie sah erstmals einen Ausweg aus ihrem Leben - aber würde sie es schaffen. Was sollte aus ihrer Tochter werden? Wie sollte sie ganz ohne finanzielle Mittel ihr Leben bestreiten? Und schließlich war sie, trotz allen Unglücks, die Frau von Jean-Claude Ligier.

Sie erschrak ein wenig über sich selbst. Woher kam diese Angst? Wo waren ihr Lebensmut und ihre Lebensfreude geblieben, die sie als junge Frau in so großem Maße besessen hatte. Es war, als hätte der goldene Käfig alles Leben in ihr abgetötet, und Israel mußte alles neu erwecken. Sie fühlte sich wie ein Falke, der über lange Zeit eingesperrt gewesen war und in dieser Zeit das Fliegen fast verlernt hatte.

Ihrem Vater und Jean-Claude waren die Veränderungen von Rebecca nicht aufgefallen. Sie lebten ihr Leben und ihre kleinen Vergnügen, und ansonsten schien alles in Ordnung.

Der kurze Winter verging, und am letzten Februar-Wochenende war ein großer Maskenball angesetzt. In den letzten Jahren war Rebecca dem Ball fern geblieben, doch diesmal trieb sie ein unerklärliches Gefühl, zum Fest zu gehen. Sie kaufte ein langes venezianisches Gewand, das ihr zarte Figur zauberhaft betonte, und eine silberne Maske.

Auf dem Ball herrschte eine ausgelassene Stimmung, und allmählich zog das muntere Treiben auch Rebecca, fast gegen ihren Willen, in seinen Bann. Sie tanzte mit etlichen jungen Männern, bis eine ebenfalls venezianische Maske sie zum Tanz aufforderte. Ganz allmählich drehte der junge Tänzer sie in seinem eleganten, weit-

geschwungenen Gewand zur Terrasse hin und in den kleinen Garten. Er zog sie auf zwei kleine Steine herab, zwischen denen ein künstlicher Bach sachte dahinplätscherte. Dann zog er eine wunderschöne, voll aufgeblühte Rose aus seinem Ärmel, nahm seine Maske ab und übergab sie ihr mit den Worten: „Komm mit mir."

Vor lauter Überraschung, als sie in Israels lachendes Gesicht blickte, fragte sie ihn nicht, woher er denn kommen, sondern hörte sich fragen, woher er denn zu dieser Jahreszeit die Rose hätte.

„Ich habe sie vor einigen Minuten an der Kirche St. Marie de la Mer abgeschnitten. Es war eigenartig. Der ganze Rosenbusch schien verdorrt, nur die eine Blüte nahe dem Seitenportal war erblüht."

Rebecca erbleichte und mußte sich abstützen. Dann streckte sie ihm ihre linke Hand entgegen und ergriff die Blüte. Sie dachte an ihre Großmutter, an den Baalschem und die weisen Zaddiks der Chassidim; und sie wußte in ihrem Herzen, daß dies eine Botschaft von Ihnen war. Sie ergriff Israels Hand, fuhr mit ihm nach Mandelieu, und am Morgen saß sie mit ihm und Sulamith in der Frühmaschine nach Beirut.

Erst einige Jahre später, als ihre zweite Tochter geboren wurde, erzählte sie Israel von der verwunschenen Rose von St. Marie de la Mer - und für einen Augenblick wurden sie beide ganz still und spürten die Gegenwart dessen, der sie zusammengeführt hatte.

Der Traum

Der Traum

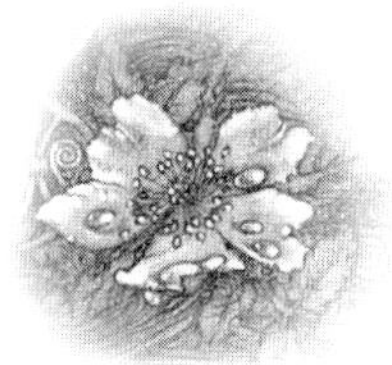

Gefiederte Blätter
Traumverhangen
Im nächtlichen Dunkel

Sternenblüten
Dufttrunken
Vor verschlüsseltem Firmament

Leuchtende Samen
Geisterfüllt
Auf kosmischem Botengang

Fragend die Seele
Sehnsuchtsvoll
Verlangend
Suchend nach Antwort

Segnend der Geist
Gnadenvoll
Verschenkend
Verkörpernd als Botschaft

Erhellend das Licht
Glanzvoll
Verwandelnd
Verströmend als Gnade

Lichtseelen
Geistesboten
Sternenbotschafter im Erden-
reich
Aus Liebe gerufen
In Liebe empfangen
Mit Liebe gekommen
Meisterseelen
Gotteskinder
Propheten einer neuen Zeit

Die Hüter der Bäume

Die Hüter der Bäume

Obwohl der September sich noch nicht seinem Ende zugeneigt hatte, bedeckte schon ein zarter weißer Teppich die Rocky Mountains. Der Winter gab in diesem Jahr schon früh seine Visitenkarte in den Bergen ab.

Das schlechte Wetter hatte viele Touristen davon abgehalten, die enge und kurvenreiche Straße hinauf zu den beiden Nationalparks in Angriff zu nehmen. Die Amerikaner waren eher vorsichtige Autofahrer, und die Kalifornier zählten zu den ganz behutsamen. So kam es, daß Pavel und Patricia Petrosjan fast ganz alleine in ihrer kleinen Hütte im Sequoia-Nationalpark wohnten. Sie hatten noch ein paar Tage Ferien, ehe das Wintersemester an der Universität von Berkeley begann. Sie beide hatten das große Glück gehabt, den Wettbewerb für Austauschstudenten an der Universität von St.Petersburg zu gewinnen. Pavel studierte Informatik, während Patricia einen Abschluß als Diplom-Biologin anstrebte. Ihr Leben lang hatten sie die Bäume fasziniert, und ihre Prüfungsarbeit befaßte sich mit den großen Redwood-Bäumen der kalifornischen Westküste, die schon dort gestanden hatten, als Pharao Echnaton über Ägypten herrschte. Es gab ein Geheimnis um diese Bäume, das spürte sie tief in ihrem Inneren. Ein Geheimnis, das sie mit ihrem Wissen als Biologin niemals würde ergründen können. So hatte sie die letzten Ferientage genutzt, um mit Pavel hinauf in den Nationalpark zu fahren. Pavel gab sich zwar immer logisch und rational, aber Patricia spürte die mystische Seele hinter der aufgesetzten Fassade. Schließlich waren sie beide Russen.

Die Eingänge zum Nationalpark wurden von zwei großen Redwood-Wächterbäumen gehütet, und auch an den Zugängen zu den Rundwegen standen majestätische Hüter des Waldes. Patricia glaubte nicht, daß die Menschen die Wege aus praktischen Gründen so angelegt hatten, wie sie jetzt verliefen. Eher mußte man davon ausgehen, daß die Bäume den Menschen die Wege vorgezeichnet hatten. Es gab einen bestimmten heiligen Pfad, auf dem man sich den Bäumen nähern konnte; und diesen Pfad durfte man nicht verlassen. Sie konnte sich auch nicht erinnern, jemals Touristen kreuz und quer durch den Wald stiefeln gesehen zu haben. Alle folgten dem erlaubten Pfad, so, als wollten sie die ehrwürdigen Bäume nicht verärgern und die Ruhe des Waldes nicht stören.

Bedächtig, fast behutsam schritten Pavel und Patricia durch die Kathedrale der Bäume. Die Stille war so intensiv, daß sie äußerst achtsam waren, um ja kein Geräusch zu verursachen. Je tiefer sie in den Wald Einlaß erhielten, um so Ehrfurcht gebietender wurde die Stille. Zu beiden Seiten des Weges wuchsen riesige Sequoias in den Himmel, und anhand der Schilder konnten sie ihr biblisches Alter ablesen. Wie klein und unbedeutend kamen sie sich vor, wenn sie lasen, daß die Bäume älter als Sokrates und Moses waren - und noch immer standen sie an derselben Stelle, stumme Zeugen der Ewigkeit des Seins. Aber waren es wirklich stumme Zeugen?

Je länger Patricia durch den heiligen Wald ging, desto mehr empfand sie die tiefe Bewußtheit der Baumriesen. Hier hatte sie es nicht mit irgendwelchen biologischen Wachstumsvorgängen zu tun, hier begegneten ihr lebendige Wesenheiten.

Als sie etwa eine halbe Stunde schweigend durch die majestätische Baumwelt gewandert waren, trafen sie auf eine Gruppe von fünf Bäumen, die wie eine Ratsversammlung zusammenstanden. Sie gingen

langsam auf sie zu, als plötzlich zwischen den Bäumen ein Licht aufleuchtete. Im ersten Augenblick glaubten sie an einen unvermutet hervorgebrochenen Strahl der Sonne, aber ein kurzer Blick nach oben zeigte einen zweifelsfrei vollständig bedeckten Himmel. Sie hielten erst einen Moment inne, um sich dann langsam auf das Licht zuzubewegen.

Während sie näher kamen, nahm das Licht Gestalt an. In seiner Mitte zeichnete sich eine Art Gesicht ab, etwa drei Meter über dem Erdboden. Als sie nur noch wenige Meter von der Erscheinung entfernt waren, hob diese an zu sprechen.

„Willkommen im Reich der Bäume. Die ehrwürdigen Hüter entbieten Euch ihren Gruß."

Erstaunt hielten Pavel und Patricia inne. Die Stimme war klar zu verstehen gewesen, obwohl niemand gesprochen hatte.

„Ihr könnt die „Hüter der Bäume" verstehen, weil sie Euch in ihr Bewußtsein aufgenommen haben. Da Ihr selbst einmal Bewohner unserer Welt gewesen seid, verstehen Eure Seelen noch immer unsere Sprache."

Pavels und Patricias Verblüffung nahm keine Ende. Was bedeutete dieser Hinweis, sie seien einst selbst Bewohner jener Welt gewesen?

Anscheinend mußten sie keine Frage stellen, denn die Lichtgestalt antwortete schon auf ihre Gedanken.

„Die meisten Menschen sind im Reich der Bäume nicht willkommen. Die alten Hüter fühlen sich durch ihr Denken und Handeln gestört, und sie alle haben kein Verständnis für die Heiligkeit dieses Ortes, an dem sie sich befinden.

Ihr jedoch seid unsere Geschwister aus fernen Zeiten. Kommt, wir wollen Euch die Erinnerung zurückbringen."

Pavel und Patricia schritten auf die Lichtgestalt zu, die sie, wie mit leuchtenden Schwingen, aufforderte, näher zu ihr heranzutreten.

Sie traten unter die ehrwürdigen Baumriesen, wo sie die Lichtgestalt erwartete. Als sie bis auf zwei Schritte herangekommen waren, fühlten sie, wie das Licht auch sie umhüllte. Sie wurden emporgehoben und mit dem Bewußtsein der Baumriesen vereint.

In diesem Augenblick erkannten sie, daß jene Welt einst ihre Heimat gewesen war. Auch sie dienten einmal als Hüter eines jener mächtigen Baumwesen. Sie hatten ihm Leben geschenkt und zugleich von ihm Kraft empfangen. Sie waren seine Seele, er war ihr Kraftquell. Damals formten sie noch eine große Einheit, Gottesgeschöpfe auf dem Weg ins Licht. Jetzt wanderten sie auf äußerlich getrennten Wegen; aber ihre Geistfunken blieben verbunden, und ihre Seelen würden sich immer suchen und finden.

Pavel und Patricia blieben noch lange bei ihren Geschwistern aus ferner Zeit. Sie lernten viel von ihnen. Vor allem aber lernten sie eines - zu schweigen.

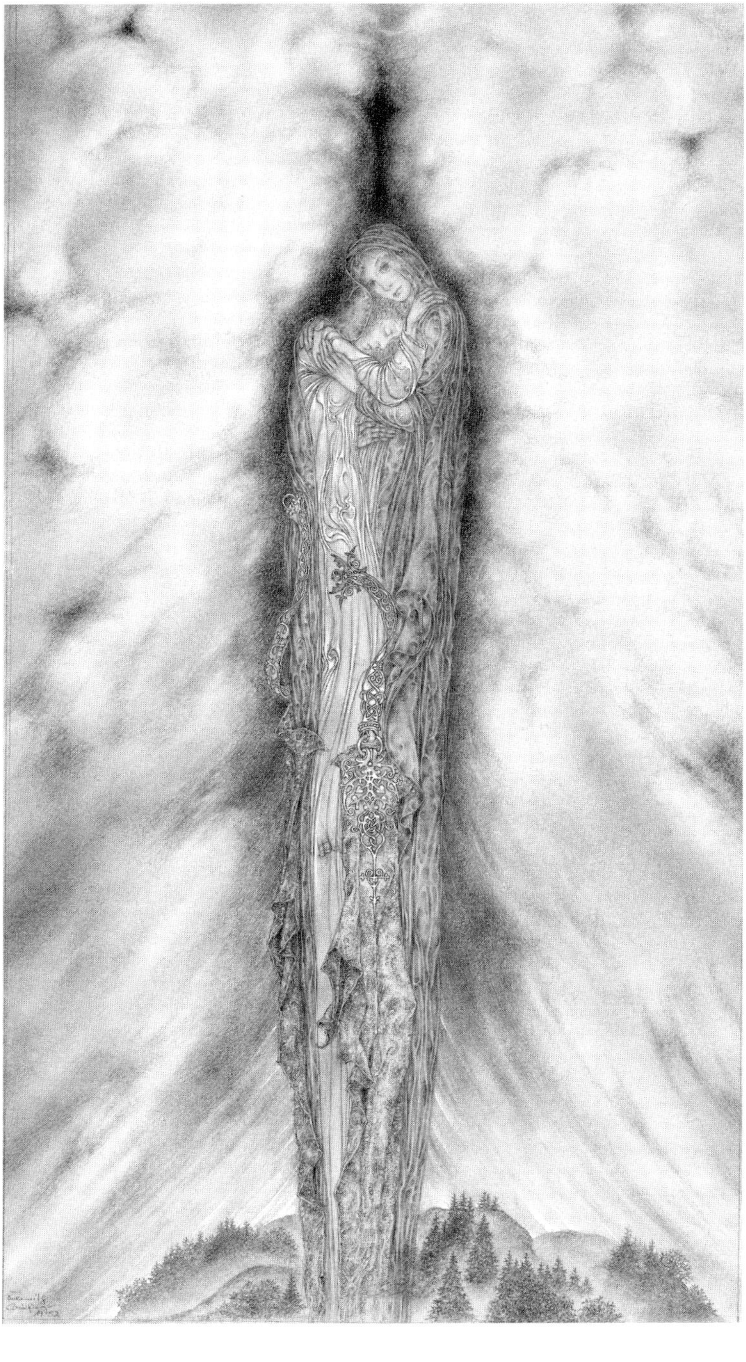

Am Hexenteich

Am Hexenteich

Sarah war in Safed aufgewachsen, jener geheimnisvollen Stadt Israels, in der die weisen alten Kabbalisten lebten. Rabbis und Chassidim aus dem Osten Europas, aus Rußland und Polen, einige aber auch aus Spanien und Portugal. Schon als sie noch ganz klein war, hatte sie den Erzählungen vom Baalschem gelauscht, jenem großen Meister, der das „geheime Wort" kannte. Sie konnte vieles nicht verstehen, aber ihr kleines Herz ahnte, daß es um etwas ganz Besonderes ging - um das große Geheimnis.

Wenn ihre Mutter sie dann fester in die Arme nahm, spürte sie, daß auch sie eines Tages Zutritt zu dieser Welt erhalten würde. Sie wußte es in ihrem jungen Mädchenherzen; und es war ein Wissen, das aus einer sehr fernen Vergangenheit kam. Sie konnte sich noch nicht erklären wie, aber in irgendeiner Weise hatte dieses Wissen aus alten Zeiten auch etwas mit ihrer Geschichte zu tun.

Dann waren ihre Eltern aus Safed fortgezogen, weil ihr Vater Arbeit in der Nähe von Kapernaum gefunden hatte. Sie war zuerst ein wenig traurig gewesen, als die Männer mit den großen Hüten und seltsamen Gewändern nicht mehr abends in ihr Haus kamen, aber inzwischen hatte sie Gefallen an Kapernaum gefunden.

Vor allem liebte sie es, vom Haus des Apostels Paulus aus auf den See Genezareth hinauszufahren.

War Safed eine Stadt gewesen, in der sie nur dem Judentum begegnet war, so fand sie in Kapernaum viele Christen. Sie kamen zum Haus des Petrus und fuhren von dort zu jenem Berg, auf dem der Rabbi Jeshua gepredigt haben sollte. Sie kannte die Geschichten über den seltsamen Rabbi, der nicht nur alle Menschen geliebt hatte, sondern auch die Tiere - und vor allem die Kinder.

Als sie zu ihrem neunten Geburtstag ein kleines Boot geschenkt bekommen hatte, war sie zuerst in jene kleine Bucht gefahren, die unterhalb des Berges lag, auf dem der Rabbi Jeshua gepredigt hatte. Der Wind war sanft über den See gestrichen, und ein Gefühl tiefen Friedens war in ihre Kinderseele eingezogen. Am Abend hatte sie mit ihrer Mutter über ihre Fahrt gesprochen, und sie hatte ihr sanft über den Kopf gestrichen und gesagt: „Sarah, mein Liebes, der Rabbi Jeshua war ein sehr guter Mensch. Viele haben ihn damals nicht verstanden, und viele verstehen ihn heute noch nicht; aber er hat unseren Vater im Himmel geliebt, so wie der Baalschem und die weisen alten Kabbalisten in Safed. Leider sprechen nicht alle die gleiche Sprache, denn sie reden nur mit den Lippen. Wenn sie mit den Herzen hören könnten, würden sie wissen, daß es nur einen himmlischen Vater gibt. - Und nun schlafe gut und träume etwas Süßes."

Sarah war gleich in einen tiefen Schlaf gefallen und träumte einen eigenartigen Traum. Sie war mit ihrem Boot über den See gefahren, aber das Ufer und die kleine Bucht hatten ganz anders ausgesehen als sonst - viel leuchtender und schöner. Noch am nächsten Morgen verwunderte sie sich über den seltsamen Traum.

In den folgenden Tagen hatte Sarah keine Zeit, um zu spielen. Es gab viele Schulaufgaben, und sie mußte ihrer Mutter im Haus helfen. Viele Touristen waren gekommen, und es mangelte nicht an Arbeit in Kapernaum. Erst am Sonntag der folgenden Woche fand sie Zeit, zu ihrem kleinen Boot zu laufen. Die Geschäfte der Christen blieben an diesem Tag geschlossen, und so mußte sie ihrer Mutter nicht helfen.

Sie kletterte in ihr kleines Paddelboot, das sie „Arche Noah“ getauft hatte, obwohl der alte Erzvater damit sicher nicht die Sintflut überstanden hätte. Sie ruderte in ihre Lieblingsbucht hinüber, und ein wenig hatte sie gehofft, sie möchte so aussehen wie in ihrem Traum. Aber alles schien so, wie es immer gewesen war.

Sie kletterte den sanften Hügel bis zur Hälfte hinauf und setzte sich in das weiche, warme Gras. Sie schaute auf den schönen See und freute sich an den Sonnenstrahlen, die ihr zulachten. Sie bemerkte gar nicht, wie sie allmählich müde wurde und die Augen ihr zufielen.

Als sie wieder erwachte, blickte sie überrascht auf. Jetzt sah tatsächlich alles so aus, wie in ihrem Traum. Der kleine Berg und der See leuchteten in einem wunderschönen goldenen Licht. Sie wollte sich umblicken, als sie plötzlich ein Geräusch vernahm. Erschrocken fuhr sie herum - und vor ihr stand ein altes Mütterchen.

„Wer bist Du?“ fragte sie ein wenig überrascht, aber eigentlich nicht ängstlich.

„Ich bin die Hexe von Endor“, antwortete die Alte; und Sarah fand, daß sie eine ziemlich nette Stimme hatte.

„Willkommen bei uns. Wir möchten Dich im Reich der Hexen begrüßen, denn auch Du bist eine von uns. Meine Schwestern haben mich gesandt, um Dich willkommen zu heißen. Du bist jetzt alt genug, um von Deiner Aufgabe zu hören.“

„Meine Aufgabe?“ fragte Sarah verwundert und blickt die alte Hexe erstaunt an.

„Ja, Deine Aufgabe. Du bist vom Rat der Hexen zu den Menschen gesandt worden, um den Blumen zu helfen. Die Menschen werden versuchen, die Welt der Blumen zu zerstören und zu verändern. Aber jede Blume und jede Pflanze hat vom Großen Geist der Welten eine

ganz bestimmte Aufgabe erhalten. Du weißt darum, und deswegen mußt Du der Menschheit Dein Wissen bringen. Diese Blüte wird Dich an Deine Mission erinnern."

Mit diesen Worten legte sie Sarah eine wunderschöne Passionsblüte in die Hand. Dann verschwand sie.

Als Sarah erwachte, sahen der See und die Hügel aus wie immer. Aber etwas war doch anders. Sie hielt eine Passionsblume in den Händen; und als sie diese andächtig betrachtete, sprach die Blume zu Sarah.

Von diesem Augenblick an verstand Sarah die Sprache der Blumen und Pflanzen und wurde ihre Botschafterin auf Erden.

Die gefangenen Seelen

Die gefangenen Seelen

Wollte man in der Sprache der Erdenmenschen und mit ihren Zeitvorstellungen sprechen, so tagte der „Rat der Engel von Sepharal“ einmal im Monat. An diesem kosmischen Tag stand die große Sonne ihres gewaltigen Reiches genau über dem kleinen Stern, dem die „Hüter der Welten“ den Namen „Sepharal“ gegeben hatten.

Es war eine kleine Sternenkolonie, die sich in der galaktischen Weite, über die die „Hüter der Welten“ wachten, wie ein Staubkorn ausmachte. Aber Sepharal erfüllte im großen Sternenplan eine wichtige Aufgabe, und von daher richtete sich das Augenmerk der Hüter einmal im Sternenmonat auf den „Rat der Engel“. Sie kamen zusammen, um über ihre Aufgabe und neue Wege, sie zu erfüllen, zu beratschlagen.

Sepharal war nicht irgendeiner der zahllosen Planeten, auf denen sich Leben entwickelte; ihm kam die Aufgabe zu, die gefallenen Seelen aus den Weiten des Universums zu beherbergen. Es waren Wesen, die auf ganz unterschiedliche Art und Weise gegen den göttlichen Plan und die Gebote der Liebe gehandelt hatten.

Sepharal war die Heimstatt von Sirianern und Erdenwesen, von Geschöpfen der Plejaden und Halblingen vom Rande der Cygnus X Galaxie. Die Halblinge waren auf dem Weg von der Elfen- und Sylphen-Evolution zum Reich der Engel abgefallen. Sie waren keine Naturwesen mehr, doch wurde ihnen der Weg ins Engelreich versperrt, darum nannte der Rat sie „Halblinge“.

Syralphana gehörte dem Rat noch nicht lange an. Auch sie entstammte dem Reich der Naturwesen und hatte ihre letzte Inkarnation als Königin der Sylphen verbracht. Als Vollendung dieser Lebensstufe durfte sie das Tor der Einweihung durchschreiten und wurde aufgenommen ins Reich der Engel.

Der Pfad der Engel verlief gemäß anderer Gesetze als etwa der Lebensweg der Sirianer oder der Erdenmenschen. Engel schritten auf dem Pfad des Dienens voran, während die Wesen der Planeten dem Pfad des freien Willens folgten. Engel kannten stets den göttlichen Plan, die Planetenwesen dagegen mußten die Wahrheit aus sich heraus erspüren. Daher konnten die Engel niemals den Pfad ins Licht verlassen, während die Planetenkinder auch gegen das GESETZ zu handeln vermochten. Erfüllten sie aber aus freiem Willen die Gebote des großen Planes, vollzog sich ihr Weg ins LICHT auf schnelleren Bahnen als jener der Engel.

Syralphana war dieses Mal lange auf der Versammlung des Rates geblieben. Die Mitglieder hatten ausführlich darüber gesprochen, wie der großen Zahl der Seelen zu helfen war, die Sepharal in den vergangenen Sternentagen hatte aufnehmen müssen. Dieser Monat hatte die Ankunft nur weniger Halblinge gesehen, während die Sirianer, vor allem aber die Erdenwesen, in großer Zahl nach Sepharal verbannt worden waren.

Die Gründe, warum der Kongreß der Weltenhüter Seelen nach Sepharal entsandte, waren vielfältig. Die Halblinge hatten den Dienst am Wachstum der Pflanzenwelten vernachlässigt. Sie hatten das Gebot der Fürsorge für die jüngeren Wesen der großen Lebenswoge mißachtet. Die Planetenbewohner hatten ihr großes Wissen mißbraucht, um Geräte oder Instrumente zu erbauen, die die Freiheit anderer Sternenkinder einschränkte - nur damit sie selbst davon Nutzen gewännen. Niemals würden die Hüter dieses Verhalten dulden.

Die Erdenwesen dagegen hatten in verschiedener Weise die Gebote übertreten und Haß, Gier, Gewalttätigkeit oder Eifersucht in ihren Seelen genährt. Solange sie diese Kräfte nicht überwanden, konnte sich das Portal zu höheren Reichen für sie nicht öffnen. Nun lag es an Syralphana, Kräfte des Schattens zu durchlichten und so zu erlösen.

Sepharal war größer als seine kosmische Form. Auf der Ebene der Materie war er nur ein kleiner Stern; aber in den inneren Welten umfaßte seine Sphäre riesige kosmische Weiten. So hatten die meisten gefangenen Seelen Formen angenommen, die ihnen scheinbar eine unbegrenzte Bewegungsfreiheit gestattete.

Syralphana kannte sie inzwischen alle, die einst gierigen, deren spitze Schnäbel noch immer nach Besitz verlangten. Die Gewalttätigen, die schlangenförmig durch endlose Weiten jagten, getrieben von dem Wunsch zu vernichten; oder die Eifersüchtigen, die koboldartig umherspähten, immer auf der Suche nach der Bestätigung ihres argwilligen Verdachtes.

Syralphana erschaute sie alle in ihrem wahren Seelenwesen, während sie sich selbst in ihrer vertrauten Gestalt erblickten. Vielen von ihnen war es nicht einmal bewußt, daß sie ihren Erdenkörper verlassen hatten. Sie waren so besessen von ihren Gedankenformen und den mit ihnen verbundenen Kräften, daß sie nicht zur Kenntnis nahmen, wo ihre neue Welt lag - auf Sepharal, in einer geistigen Ebene.

Die letzte Ratsversammlung hatte einen neuen Plan beschlossen, um alle diese Seelen aus ihrer Gefangenschaft zu befreien. Sie sollten jeweils einem Wesen zugeführt werden, daß die gleichen Seelenkräfte wie sie selbst besaß. Der Rat erhoffte sich so ein Erwachen durch die Begegnung mit der eigenen Schattenwelt; und Syralphana führte, dies war ihre Aufgabe, jene Geschöpfe gleicher Art zusammen.

Es war ein Geschehen, das fast immer Erschrecken und Zorn auslöste. Das andere Wesen war so ähnlich, daß alle Bemühungen, es zu unterwerfen, mißlangen. Die gefangenen Seelen, die diesen Widerstand bisher nicht kannten, bestürmten ihren Widersacher, im Grunde sich selbst, mit aller Macht. Erst als alle Versuche, den „Gegner" zu überwinden, gescheitert waren, hielten sie erschöpft inne. Dies war der Augenblick, auf den Syralphana wartete. Sie verdichtete ihre Engelschwingung, bis sie auch für die gefangenen Seelen von Sepharal sichtbar wurde.

Das Erschrecken war in diesem Moment noch größer als schon zuvor die Begegnung mit den eigenen Wesenszügen. Die Schakale der Nacht, die Schlangen der Gewalt und die Kobolde der Eifersucht und des Hasses hielten inne. Sie verharrten für kosmische Augenblicke unbeweglich, verwirrt - und offen für Antworten. In diesen Sternensekunden entschied sich ihr Schicksal für kosmische Weltentage. Viele nahmen die Strahlen des Liebeslichtes auf, das sich von Syralphana in ihre innersten Seelenfunken ergoß. Manche suchten sofort Zuflucht unter ihrem Sternengewand, andere näherten sich zögernd, zweifelnd, noch immer nicht frei von Gefühlen des Hasses, der Gier, von Gewalt oder Eifersucht. Doch allmählich gewannen die Kräfte des Lichtes die Oberhand, und Syralphana konnte die Sternenseelen aus ihrer selbst geschaffenen Gefangenschaft befreien.

Nur wenige Halblinge und Planetenkinder entzogen sich ihrem kosmischen Licht. Für sie würde der Weg zurück noch länger dauern. Doch eines Sternentages erschöpfte sich der Haß auch in ihnen, und durch das Tor der Liebe würde der Weg zurück in göttliche Reiche führen.

Syralphana würde ihnen dann allerdings nicht mehr begegnen. Ihr Weg hatte sie dann schon in ferne Welten geführt, dem ewigen Licht und der grenzenlosen Liebe entgegen.

Das Osterlicht

Das Osterlicht

Die Abendsonne sandte ihr sanftes, fast frühsommerlich warmes Licht über jene uralten Steine, die schon ihr felsiges Antlitz den Sternen entgegengereckt hatten, als Moses die Israeliten aus Ägypten heraus ins gelobte Land geführt hatte. Stonehenge - Tempel einer urzeitlichen Zivilisation. Einweihungsstätte vergangener Kulturen.

An alle diese alten Geschichten dachte Loreena, als sie in ihrem langen, schneeweißen Gewand den heiligen Platz betrat. Stonehenge war eigentlich ein Sperrbezirk, um den ehrwürdigen Ort vor Entweihung zu schützen. Nur zu bestimmten Anlässen war es der druidischen Kultusgemeinde gestattet, unter die heiligen Steine zu treten.

Loreena war eine druidische Priesterin, die schon in der siebten Generation die heilige Mistelkrone trug. Seit sieben Geschlechtern stellte ihre Familie Priester oder Priesterinnen, die den Geistern der Erde und der Luft dienten, die bis zum heutigen Tage Stonehenge behüteten.

Selbst den lärmenden Touristen wurde bewußt, daß dies ein heiliger Ort war. Wenn sie sich lärmend und photographierend den uralten Steinen näherten, verstummten sie spätestens dann, wenn sie den Zaun erreicht hatten. Es war den Ordnungskräften sicher nicht bewußt gewesen, aber die Absperrungslinie verlief genau auf der Höhe des dritten „Ringes der Kraft" von Stonehenge. Die beiden ersten Ringe verliefen innerhalb der Absperrung und waren mittlerweile nur noch für die eingeweihte Priesterschaft zugängig.

In diesem Jahr fiel das Frühlingssonnenwendfest zufällig mit dem christlichen Osterfest zusammen, beides vollzog sich in der Nacht des Ostersonntages.

Loreena betrat an der Spitze einer weißgekleideten Schar das Steinheiligtum. Die Gesänge der druidischen Priesterinnen waren mehr als zwei Jahrtausende alt - und ihre Wirkung hatte bis auf die heutige Nacht nicht nachgelassen.

Die Luft vibrierte, und Loreena erkannte die wohlwollenden Wesen der Nacht. Mit ihnen waren die Hüter der Erd- und Luftgeister gekommen sowie die Herrscher ihrer Reiche. Die großen Sylphen fanden sich ebenso ein wie die faltigen Gesichter der unendlich alten Könige der Gnomen. Die Erdreiche und die Luftsphären verbanden sich in dieser besonderen Nacht.

Loreena schritt durch den äußeren Steinring auf den mächtigen Altarstein zu. Neben ihr folgten zwei weitere Priesterinnen, die beide zwei mächtige Kerzen in den Händen hielten. Auf einen Wink Loreenas stellten sie die Kerzen zu Füßen des Altarsteines ab.

Loreena trat vor und ergriff eine dritte Kerze, die zwischen den beiden aufgestellt war. Sie symbolisierte das „Licht der Welt", das von der großen Sonnengöttin in dieser heiligen Nacht erneut in die Reiche der Erde gesandt wurde. Nur die Hohepriesterin durfte diese Kerze entzünden, galt sie doch als die Vertreterin der Sonnengöttin auf Erden.

Als Loreena die Kerze ergriff, um sie an der neben ihr brennenden Flamme zu entzünden, kam plötzlich ein leichter Wind auf. Loreena mußte die Hände vor die gerade erst zum Leben erweckte Flamme halten, um ihr schnelles Verlöschen zu verhindern. Sie umhüllte sie mit ihren beiden zierlichen Händen und kam in diesem Augenblick der Flamme ganz nahe. Sie spürte ihre Wärme, und als sich ihre Hände schützend um sie legten, stieg die Flamme plötzlich zwischen ihren Händen auf und berührte sachte ihre Stirn. Es war nur ein

Wimpernschlag gewesen, und keine der Priesterinnen hatte es wahrgenommen.

Loreena war fast ein wenig überrascht, als die Flamme auf ihre Stirn traf. Es war ein liebevoller, kosmischer Kuß gewesen. Sie blickte auf, und es war ihr, als erhelle sich der heilige Steinkreis noch intensiver, als es sonst der Fall war.

Plötzlich wichen die leuchtenden Wesen der Nacht zurück. Auch die großen Hüter der Erd- und Luftreiche verneigten sich - und Loreena blickte auf eine verklärte Lichtgestalt. Noch nie zuvor war diese Wesenheit zu den heiligen Weihefesten der Druiden erschienen. Wer mochte sie sein?

Als sie näherkam, entflammte Loreenas Herz voller Liebe zu dieser unbekannten Gestalt, und fast unabsichtlich sank sie auf die Knie. Zu überwältigend war die Macht und Herrlichkeit dieses nächtlichen Besuchers.

„Meine geliebte Schwester. Du kennst mich nicht, doch ich habe Wohlgefallen an Dir. Setze Dein Werk fort, zum Segen Deiner Erdengeschwister. Meine Liebe sei mit Dir."

Mit diesen Worten fiel ein Flammenstrahl in Loreenas Herz, und plötzlich erschrak sie, denn jetzt erkannte sie den himmlischen Besucher. Wie konnte Er sie segnen, den sie bisher doch nicht anerkannt hatte?

Loreena vollzog die Riten dieser Nacht wie gewohnt; doch es war keine keltische Feier mehr wie in früheren Jahren. Ein neues Wissen war in ihr erwacht. Auch wenn sie in dieser Nacht geschwiegen hatte und auch in Zukunft darüber schweigen wollte - sie war gesegnet worden vom Osterlicht.

Und niemals mehr würden die heiligen Nächte sein wie früher.

Im Reich der Naturgeister

Im Reich der Naturgeister

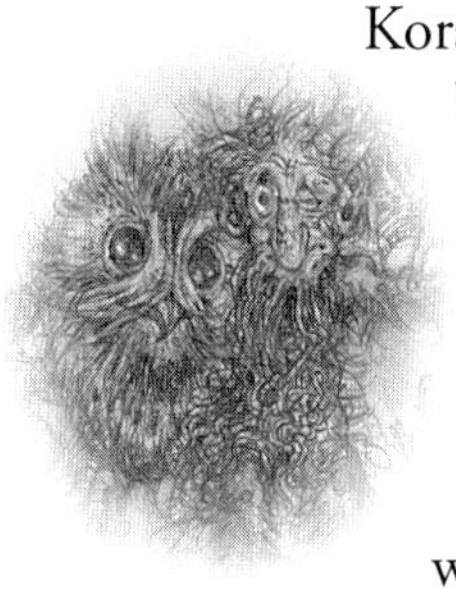

Kora, die vorwitzige Eule, war die erste, die Azarela begrüßte, als sie wieder einmal ihre Erdenschützlinge besuchte. Kora war ein Geschöpf der Nacht, aber sie diente den „Herren des Lichtes“. Auch Azarela war eine „Herrin des Lichtes“, und sie kannte die kleine Kora gut, die sie schon oft begrüßt hatte. Sie war ihr besonders ans Herz gewachsen, die liebenswert freche kleine Eulenseele, die alles sah und alles wußte.

Mit großer Eile war sie zum alten Weidenbaum geflogen, um Korax, ihrem alten Weggefährten, die erfreuliche Nachricht sofort zu übermitteln.

Korax, der schon viele Dinge unter der Sonne gesehen hatte, nickte wohlgefällig mit seinem schon etwas ergrauten Eulenköpfchen. Azarela war also wieder zu ihnen gekommen. Das würde ein guter Tag werden.

Zusammen mit Kora flog er gleich los, um mit Goberich zu sprechen, dem alten Hüter der Gnome. Er war ein uralter Freund der beiden und eine gute Seele.

Noch bevor sie ihn trafen, begegnete ihnen schon Gorx, sein Rabe, der vielleicht noch älter als Goberich sein mochte. Aber genau wußte das niemand.

Auch Goberich war erfreut, als er von den beiden Eulen erfuhr, daß Azarela wieder einmal in ihre Welt gekommen war. Das konnte nur Gutes bedeuten.

Azarela war den beiden Eulen mit einigem Abstand gefolgt und hatte sie schmunzelnd beobachtet. Es waren liebe Geschöpfe und treue Diener ihrer Sache.

Kora und Korax wußten, daß Azarela sich zum Versammlungsbaum begeben würde - und so war es auch. Dort trafen sie auf weitere Freunde. Mikadus, der alte „Hüter der Katzen", war ebenso anwesend wie Zirda, die Gartenelfe, und Grolus, der Froschkönig, saß schon zu Azarelas Füßen. Dann waren noch Pertikus, der Wächter der Pelztiere, und Pia, die kleine Blumenfee, gekommen.

Alle kuschelten sich erwartungsvoll zu Azarelas Füßen und warteten, was ihnen die himmlische Botschafterin zu verkünden hatte.

Azarela schwieg nicht lange, sondern wandte sich schon bald mit ihrer zarten Stimme an ihre Schützlinge.

„Geschwister, Wächter über die unsichtbaren Reiche der Natur, seid mir gegrüßt im Namen des Allerhöchsten. Seinen Segen bringe ich Euch, und seine Liebe sei mit Euch alle Zeit.

Die Wesen der Schatten stören den Frieden unserer Welten. In allen Reichen, in der Luft und im Wasser, auf der Erde und im Feuerreich, spüren wir ihren schlimmen Einfluß. Sie wollen dem Großen Plan nicht dienen, sondern Zwietracht und Mißgunst säen. Wehe über sie!

Alle Wesen der vier Elemente benötigen Eure liebevolle Arbeit. Ihr dient der Entfaltung des Lebens. Weder Steine noch Pflanzen, weder Tiere noch Naturgeister könnten dem Licht entgegenwachsen, ohne Eure wundervolle Arbeit. Euer Wirken läßt die Pflanzen und Blumen erblühen und die Edelsteine ihre segensreichen Kräfte sammeln. Ohne Euch würden die Tiere noch mehr Leid ertragen müssen

und die „kleinen Helfer“ könnten ihr liebevolles Werk nicht fortsetzen.

Ihr seid die Helfer der stummen Kreaturen, die doch, wie auch ihr, Geschöpfe des Allerhöchsten sind. Seine Liebe ist mit ihnen, und seine Licht schläft noch in ihrem innersten Wesenskern. Kein Stein und keine Pflanze, in der nicht das göttliche Licht verborgen schlummert.

Auch wenn die Zeiten schwer und die Schatten dunkler geworden sind, so bleibt doch der Segen des Allerhöchsten unverbrüchlich mit Euch allen.“

Als Azarela diese Worte sprach, lösten sich aus ihrem Diadem viele kleine Perlen, die hinabfielen zu Kora und Korax, zu Goberich, Zirda, Pia und all den anderen. Sie sausten voller Freude umher, um die himmlischen Geschenke aufzusammeln, denn sie wußten, in diesen Perlen lag die Macht des himmlischen Vaters verborgen. Mit diesen Himmelsgeschenken würden sie mit mehr Kraft dem Großen Plan dienen und den Wesen ihrer Reiche Hilfe bringen können, um emporzusteigen in das Licht der Ewigkeit.

Als Azarela alle Perlen verteilt hatte, zog sie sich langsam wieder zurück in ihre himmlische Heimat, und Kora und Korax begleiteten sie noch, bis auch sie die Himmelstochter nur noch als leuchtenden Stern am Firmament zu erkennen vermochten.

Korax blickte ihr noch lange versonnen nach, als ihn Kora in die Seite stupste und unmißverständlich aufforderte, es sei nun Zeit, wieder ans Werk zu gehen. Kora war nun einmal eine sehr aktive Eule. Manchmal wünschte sich Korax, sie möchte ein bißchen philosophischer sein. Aber in seinem kleinen Eulenherzen liebte er sie so, wie sie war. Und sie war eine wundervolle Eule!

Die Antwort

Die Antwort

Das Kidron-Tal war schon fast vollständig ausgetrocknet, obwohl es erst April war. Aber nach den starken Regenfällen im März und dem denkwürdigen ersten April-Wochenende, als Jerusalem für eine Nacht und einen Tag im Schnee versunken war, kehrte der Frühling ein in die heilige Stadt, der schon bald sommerliche Temperaturen brachte. So sank der Wasserstand des kleinen Kidron-Flusses von Tag zu Tag, bis nur noch ein winziges Rinnsal zu Füßen des Ölbergs seinen Weg vorbei an weidenden Schafen suchte.

Karima freute sich über ihre kleine Herde, die sich an den noch saftigen Hängen des kleines Tales gütlich tat. Lange würden die Schafe nicht mehr so frisches Gras zu fressen bekommen.

Auch Sharif, ihr Hütehund, war gut gelaunt und jagte seine Schützlinge ein wenig zu übermütig die steilen Hänge hinauf und hinab. Manchmal trieb er es so toll, daß er bei seinen scharfen Wendungen selbst ins Rutschen kam und ein wenig herunterpurzelte. Dann konnte sich Karima vor Lachen oft nicht halten. Es sah einfach zu komisch aus, wenn dieses riesige Wollknäuel, von dem keiner wußte, was für eine Mischung er war, den Hang hinunter kugelte.

Karima war gerne Schafhirtin. Sie hatte sich freiwillig dazu entschlossen, die Tiere zu hüten, während ihre zwei Schwestern in der Stadt arbeiteten. Karima gehörte zu einer der wenigen Familien, die aus Mitgliedern zweier verschiedener Religionen bestand. Ihre Mutter war Jüdin, ihr Vater gehörte zu den Palästinensern Ost-Jerusa-

lems. Seit ihrer Kindheit hatte sie die Kräfte von Haß und Verachtung am eigenen Leib gespürt. Weder die Juden noch die Palästinenser gaben der Verbindung ihrer Eltern den Segen. So hatte die Familie, und natürlich auch die Kinder, nur wenige Freunde.

Karima war im Glauben beider großen Religionen aufgewachsen, die Thora war ihr so vertraut wie der Koran. Sie hatte schon als junges Mädchen gelernt, daß der wahre Glaube in den Herzen der Menschen wohnte, nicht auf ihren Lippen. Jene, die in den Straßen Jerusalems Bomben warfen und jene, die in Hebron auf Betende schossen, waren keine wirklich religiösen Menschen. Sie haßten im Namen der Religion und verleugneten so den Gott, für den zu kämpfen sie vorgaben. Dies verstand Karima gut, doch warum diese Menschen so waren und warum die Offenbarungen sich anscheinend so widersprachen - diese Frage bewegte voller Unruhe ihr junges Herz.

Langsam zog die abendliche Frische über Jerusalem, die das Leben nach der Hitze des Tages so erträglich machte. Sie rief Sharif und wollte die Schafe nach Hause treiben, als sie eine Gestalt die kleine Straße hinunter rennen sah, die von der alten Stadtmauer zum Ölberg führte. Schon bald erkannte sie, daß es Salome war, ihre ältere Schwester. Das konnte nichts Gutes bedeuten. Salome kam nie zu ihr ins Tal. Es war ihr ein wenig unangenehm, daß ihre Schwester eine Schafhirtin war.

„Hannah ist tot. Sie wurde erschossen!" rief sie ihr verzweifelt zu, als sie noch ein ganzes Stück von ihr entfernt war.

„Karima. Hannah ist tot. Hörst Du? Sie ist tot!"

Karima blickte ihre Schwester entsetzt an, die jetzt vor ihr stand und sie schüttelte, so als wollte sie ihrer Schwester die Nachricht mit aller Kraft ins Bewußtsein rufen. Dann fiel sie ihr weinend in die Arme, und die beiden Schwestern hielten sich für eine Weile fest, in der die Zeit stehenblieb.

„Was ist passiert?“ fand Karima endlich die Worte wieder.

„Hannah war mit einer Gruppe amerikanischer Touristen in Hebron. Als sie in der Altstadt einkaufen wollten, gerieten sie in eine Auseinandersetzung zwischen den Orthodoxen und aufgebrachten Palästinensern. Ich weiß nicht, worum es ging, aber irgend jemand begann wohl zu schießen. Hannah versuchte, die Gruppe in eine kleine Seitenstraße zu bringen, und dabei wurde sie von einer Kugel getroffen. Es war ein Querschläger, der ihr das Leben kostete. Niemand hat direkt auf sie geschossen.

Oh, Karima, warum ausgerechnet Hannah? Unsere kleine Schwester, die nur Gutes wollte und alle Menschen liebte.“

Salomes Stimme erstickte in einer Flut von Tränen.

Noch immer war Karima wie erstarrt und konnte ihre Schwester nur festhalten, ohne auf ihre Frage zu antworten.

Nach einer Weile spürte sie, daß Sharif sich ihnen zu Füßen gelegt hatte und mit traurigen Hundeaugen die beiden weinenden Schwestern beobachtete. Sie löste eine Hand von Salome und fuhr ihm liebevoll durch sein dichtes Fell, woraufhin sich seine Miene sichtlich aufhellte.

Sie strich sich über die Augen, ergriff Salomes Hand und bat sie, schon nach Hause zu gehen. Sie wollte noch einen Augenblick alleine sein. Salome umarmte sie und stieg mit schweren Schritten den kurzen Anstieg zur Stadt hinauf.

Karima ging langsam in die Gegenrichtung, dem Ölberg zu. Nach einiger Zeit stand sie vor der kleinen Pforte, die in den Garten Getsemaneh führte. Normalerweise mied Karima diesen Platz, weil er überlaufen war von Touristen aus aller Welt. Nur in den Abendstunden setzte sie sich manchmal in den Schatten der alten Olivenbäume, wenn es still geworden war im Garten. Die Bäume standen schon länger als zwei Jahrtausende an diesem Ort und hatten wohl mehr Leid gesehen als alle anderen Bäume der Erde.

Sie setzte sich auf eine kleine Bank und stützte den Kopf in ihre Hände, während die Tränen ihren stillen Lauf zwischen ihren Fingern nahmen. Sie mochte nur wenige Minuten oder vielleicht auch eine Stunde so gesessen haben, als sie plötzlich eine unendlich zarte Berührung auf ihrer Schulter verspürte.

Sie hob den Kopf - und erstarrte vor Schreck.

Neben ihr stand ein Engel. Wahrhaftig. Im Licht des Mondes und vor der Silhouette der uralten Olivenbäume erkannte sie den wunderschönen Botschafter des Lichtes.

Ganz sanft schlug das himmlische Wesen die Kapuze ihres langen Mantels zurück, hob sie zu sich empor und strich ihr über den Kopf.

„Dein Leid hat mich gerufen. Sei getröstet."

Mit diesen Worten zog der Engel sie an sich heran und umfing sie mit seinem Lichtgewand.

Im Augenblick dieser Berührung fielen der Schmerz und das Leid von Karima ab. Sie empfand nur noch einen unsagbaren Frieden und ein tiefes, unaussprechliches Glück. Es schien ihr fast verboten, in dieser Stunde so zu empfinden - und doch geschah es!

Dann strich der Engel über ihre Stirn, und da erkannte sie, daß er nicht alleine gekommen war. Hannah stand neben ihm und lächelte ihr zu. Sie wollte sie berühren, doch Hannah wich zurück.

„Es geht nicht!" schienen ihre Augen ihr sagen zu wollen - und Karima verstand.

„Die Wege Gottes sind andere als die Wege der Menschen", erklang noch einmal die Stimme des Engels.

„Ihr seht das Leben nur von der Geburt bis zum Tod; doch die

Augen des Herrn schauen von Ewigkeit zu Ewigkeit. Die Stunde für Hannah war gekommen, um ihr Erdenkleid abzulegen.

Sie kam zurück in unsere Welt voller Freude. Unser Reich ist erfüllt von Glück, und nur Eure Trauer beschwert noch ihr Herz. So sage Deiner Familie, sie möge sie in Frieden gehen lassen. Sie hat ihren Körper geopfert, um der Welt die Sinnlosigkeit des Tötens vor Augen zu halten. Ihr Opfer war nicht umsonst; auch wenn es noch vieler Hannahs bedarf, ehe die Menschen lernen, Einsicht zu zeigen und umzudenken. Zu verstockt sind die Herzen jener, die glauben, dem Herrn mit einer Waffe dienen zu können.

So gehe jetzt mit meinem Segen, und bringe Trost all jenen, die trauern."

Bei diesen Worten empfand sie noch einmal die unsagbar zarten Hände auf ihrem Gesicht und über ihrem Herzen. Sie schloß die Augen, und diesmal waren es Tränen der Glückseligkeit, die über ihre Wangen perlten.

Als sie nach langer Zeit die Augen wieder öffnete, war nur Sharif an ihrer Seite und wedelte begeistert mit dem Schwanz. Und von der Straßenseite hörte sie Isaak kommen, den Gartenwächter, dessen riesiger Schlüsselbund schon von weitem sein Kommen ankündigte. Er wollte den Garten verschließen, denn es war spät geworden.

Karima erhob sich, zog ihren Mantel um sich und verließ mit Sharif den Garten Getsemaneh. Sie begab sich nach Hause, und sie hoffte, ihre Familie würde verstehen, was sie mitbrachte - die Antwort.

Dualseelen

Dualseelen

Der Wind wehte sanft vom Meer herüber, während die Sonne im Westen von Samos allmählich hinter den Hügeln versank. Es würde einer jener gesegneten Sommerabende sein, wie sie Pythagoras so liebte.

An diesem Abend wollte er den Unterricht in der Akademie früher als gewöhnlich beenden, um mit seinen engsten Schülern in die kleine Bucht unterhalb des Akademie-Geländes zu gehen. Diese Vollmondnacht war erfüllt von der Kraft des Sommers und gesegnet von den Engeln der Nacht.

Die pythagoreische Schule bestand noch nicht lange in Samos, und Pythagoras war eine geraume Zeit unschlüssig gewesen, ob er nicht lieber der Einladung seiner Schüler in Krotona folgen und Griechenland verlassen sollte. Die Tempelpriester waren gegen ihn, weil er ihre Göttner leugnete, und die Stadtväter des Atriums hatten ihn der Zauberei beschuldigt. Die Unwissenheit, die ihn umgab, war erschreckend. Nur seine engsten Schüler bildeten den Trost seines Lebens. Auf sie setzte er seine Hoffnung. Sie sollten seine Ideen in die Welt tragen und so allmählich eine neue Zeit begründen.

Pythagoras erhob keine Vorbedingungen für den Eintritt in seine Schule. Da er sein Leben durch seine Werke und durch die Tätigkeit im Rat bestritt, gewährte er den Kindern der Armen ebenso Zutritt wie jenen der Reichen - wenn sie vor seinem kritischen Blick bestanden.

Pythagoras wählte seine Schüler und Schülerinnen selbst aus. Er rief sie in die Tempelhalle und sprach mit ihnen, manchmal länger, manchmal auch nur für kurze Zeit. Dann erfuhren die um Aufnahme Ersuchenden sofort das Urteil - angenommen oder abgelehnt. Pythagoras begründete niemals seine Entscheidung, weder im zustimmenden noch im ablehnenden Fall. Sein Wort war Gesetz in der Akademie; und es war ein weises Gesetz.

Wenn Pythagoras einen Schüler oder eine Schülerin aufnahm, so bot er ihnen zwei Wahlmöglichkeiten. Nach einer Probezeit von sechs Monaten konnten sie sich entscheiden, für fünf oder für zehn Jahre Mitglieder der Akademie zu werden. Danach stand es ihnen frei, für immer bei ihm zu bleiben oder die Akademie zu verlassen.

Diese Gesetzmäßigkeit erschien ihm sinnvoll, weil so die Schüler die Wahl hatten, die Akademie nach einem halben Jahr zu verlassen, wenn ihnen der Unterricht mißfiel. Blieben sie jedoch, konnte er ihnen in fünf Jahren zumindest ein Grundwissen vermitteln.

Pythagoras hatte die Ordnung der Akademie, wie auch alle anderen wichtigen Fragen, mit Theoklea besprochen, die seit Jahren treu an seiner Seite stand, und mit Hybisca, seiner engsten Schülerin. Sie war schon als junges Mädchen in die Akademie eingetreten, und Pythagoras würde nie den Augenblick vergessen, als sie erstmals die Tempelhalle betreten hatte. In diesem Moment war ein Licht aufgeleuchtet. Nie zuvor und niemals wieder danach war eine solche Seele zu ihm gesandt worden.

Hybisca besaß die Gabe, in ihrem Seelenkörper bewußt in die Welten des Lichtes einzutreten. Zudem verfügte sie über eine so außergewöhnliche Hellsichtigkeit, wie sie Pythagoras weder bei den vestallischen Jungfrauen noch bei den Orakelpriesterinnen von Delphi angetroffen hatte.

War Theoklea seine linke Hand, so war Hybisca seine rechte. Die beiden Frauen verstanden sich sehr gut. Hybisca war mit ganzer Hingabe die Schülerin ihres Meisters und liebte seine Frau wie ihre Mutter. Eigentlich war sie nicht von dieser Welt. Manchmal sagte Pythagoras halb im Scherz zu ihr, sie habe sich aus der Welt der Engel und Götter auf die Erde verirrt.

„Nicht verirrt, Meister", hatte sie damals geantwortet, und Pythagoras war sehr nachdenklich geworden, als er ihr Gesicht betrachtet hatte.

Theoklea und Pythagoras schritten voran, gefolgt von Hybisca und sechs Schülern und Schülerinnen der Akademie, die Pythagoras zu den vielversprechendsten Kandidaten für die Einweihung in die Mysterien zählte. Es waren vier junge Männer und zwei junge Frauen. Kleinias war sein fortgeschrittenster Schüler, ihm vertraute er nach Hybisca am meisten. Er konnte wie sie bei vollem Bewußtsein in die inneren Welten eintreten.

Dann waren noch Phaidros und Phoebe mitgekommen. Phaidros war ein junger Dichter, verträumt und idealistisch. Er lebte mehr in den Ideenwelt als auf der Erde. Phoebe war eine Tempeltänzerin und zugleich eine begabte Malerin. Vor allem aber war ihr inneres Auge bereits geöffnet, wenngleich die junge Tänzerin noch nicht gelernt hatte, mit dieser Gabe erwachenden Bewußtseins umzugehen. Die drei anderen Schüler waren Patrizierkinder, die eine gute Ausbildung seitens ihrer wohlhabenden Eltern erfahren hatten, denen allerdings die Tiefe fehlte, die er bei Kleinias, Phaidros und Phoebe vorfand.

Pythagoras setzte sich auf einen flachen Stein, der im Sand der Bucht ein wenig emporragte. Theoklea saß neben ihm, Hybisca zu seinen Füßen.

Bedächtig blickte Pythagoras in die Runde, dann ergriff er einen kleinen Stock, der wie achtlos neben seinem Fuß lag. Er zeichnete einen Kreis in den Sand und begann dann zu sprechen.

„Als der Geist des Allerhöchsten in seiner unfaßbaren Liebe das Leben der Schöpfung aus sich hervorgehen ließ, wie die Sonne ihr Licht, da brach es hervor in zwei Quellströmen. Wir wollen sie in unserer Sprache männlich und weiblich nennen. Vielleicht liegt die Ursache für diese Zweiteilung in einer Polarität, die auch im EINEN existiert. Wer wollte eine Antwort versuchen. Niemand kennt den Allguten, den Nicht-Vielen, aus dem alles ist, was ist.

Die zwei Quellströme trugen die göttlichen Monaden, Lichtfunken, die in sich den Geist des Allerhöchsten bargen. Sie wurden ins Dasein gesandt, um die Liebe des Höchsten zu verkörpern. Männlich und weiblich wurden sie ausgesandt, um sich in der Hingabe an einander zu finden und als bewußte Gotteskinder zu jener Quelle zurückzukehren, aus der sie als unbewußte Funken hervorgegangen waren."

Phaidros hatte ergriffen seinem Meister gelauscht und gar nicht bemerkt, daß Phoebe sich bei seiner Rede nahe zu ihm gesetzt hatte. Erst jetzt blickte er auf und sah in ihre Augen. In diesem Augen-Blick schaute seine Seele hinab in Zeitenfernen, und es war ihm, als dämmerte eine Erinnerung aus uranfänglichen Zeiten herauf.

Er konnte den Bildern jedoch nicht folgen, denn Hybisca hatte sich erhoben und ging traumwandlerisch auf Pythagoras und Theoklea zu. Ganz offensichtlich befand sie sich in einem erleuchteten Bewußtseinszustand. Sie ergriff die Hand ihres Meisters und dann jene von Theoklea. Sanft legte sie die beiden ineinander - und dann floß ein Licht durch die beiden göttlichen Botschafter, wodurch alle Anwesenden erkannten - Pythagoras und Theoklea waren Dualseelen.

Dann jedoch schritt sie auf Phaidros und Phoebe zu - und wieder geschah das wundervolle Lichtmysterium, als sie die Hände der beiden Schüler zusammenfügte. Auch sie waren Dualseelen. Als beide ein wenig erschrocken auf ihren verehrten Lehrer blickten, bemerkten sie ein wissendes Lächeln auf seinem Gesicht. Da verstanden sie, warum er sie an diesem Abend mit in die kleine Bucht genommen hatte.

Phaidros und Phoebe blieben noch etliche Jahre bei Pythagoras und lernten vieles aus der unerschöpflichen Tiefe seines Wissens. Da die Gebote der Akademie jedoch ein zölibatäres Leben erforderten, verließen sie schließlich die Akademie, um zusammenzuleben. Niemals jedoch vergaßen sie die Lehre ihres Meisters.

Und noch lange nachdem Krotona zur Grabstätte für Pythagoras geworden war, verbreiteten sie seine Lehre und waren ein Licht der Inspiration für die verstreuten Pythagoreer.

Die Besucherin

Die Besucherin

Die Frescobaldis zählten zu den reichsten Familien Italiens. Der Stammvater des Hauses Frescobaldi hatte den Grafentitel schon im Mittelalter erhalten, als Italien noch nicht geeint war, sondern die großen Stadtstaaten einander bekämpften. Danach hatte der Graf jene prächtige alte Villa hoch über dem Arno errichten lassen, die auch heute noch, nach vielen Umbauten, der Stammsitz der Frescobaldis war. Fast sechzig Zimmer zählte der weitläufige Palast, von denen allein sieben der Dienerschaft zugewiesen waren.

Sophias Zimmer lag im ersten Stock, mit einem wundervollen Blick auf die Altstadt von Florenz. Es war eigentlich kein Zimmer, sondern ein eigenes kleines Reich. Die acht großen Fenster schenkten ihr den Blick über alle Schönheiten der Toskana, von der prächtigen Stadt hinüber zu den blühenden Parkanlagen und darüber den Weinbergen der Colli Chianti. Sie liebte es, von einem Fenster zum anderen zu wandern und sich am Ausblick zu erfreuen. Wenn dann die Dunkelheit kam, versteckte sie sich am liebsten in ihrem riesigen Bett, zog die Vorhänge des Baldachins vor und ließ die Welt hinter sich zurück.

Sophia war umgeben von allem Luxus der Welt. Sie trug die edelsten Kleider, und jeder Wunsch wurde ihr erfüllt. Nur eines schienen ihre Eltern niemals zu haben - Zeit. Ihr Vater saß im Parlament in Rom und kam höchstens an den Wochenenden nach Hause, die dann aber mit Empfängen und Gesprächen angefüllt waren. Ihre Mutter

kümmerte sich um die großen Besitzungen der Familie und um das angesehene Weingut. So wuchs Sophia die meiste Zeit mit Clarissa auf, ihrem Kindermädchen.

Clarissa war ein außerordentlich liebes Wesen, das Sophia ganz ins Herz geschlossen hatte. Sie erzählte ihr Geschichten, und manchmal ging sie auch mit ihr in die kleine Hauskapelle, wo sie Sophia die ersten Kindergebete gelehrt hatte. Am meisten jedoch liebte Clarissa ihre Namenspatronin, die heilige Klara, und Franz von Assisi. Von ihr erfuhr Sophia alle Erzählungen und Legenden aus dem Leben des heiligen Franziskus.

Ganz besonders mochten Clarissa und Sophia seinen Gesang an Bruder Sonne und Schwester Mond, seine Begegnung mit dem Wolf und seine Gespräche mit den Blumen und Bäumen. Oft saß Sophia allein im Garten und redete mit Surya, ihrer Lieblingskatze, und den Rosenbüschen und Bäumen, die die alte Villa umstanden. In diesen Stunden war Sophia wahrhaft glücklich. Hier fühlte sie sich wirklich inmitten ihrer Familie, bei ihr fühlte sie sich geborgen.

Eines Sonntags hatte sie im Garten ein sonderbares Erlebnis. Im Vorgarten des kleinen Rosenpavillons hatte Sophia einen kleinen Rosenbusch gepflanzt. Dann jedoch war sie eine ganze Weile mit Schulaufgaben und anderen Dingen beschäftigt gewesen, so daß sie über eine Woche nicht zum Pavillon gekommen war. Als sie nach dem Frühstück am Sonntagmorgen in den Garten gesprungen war, fiel ihr plötzlich voller Schrecken der kleine Rosenbusch ein. Schnell rannte sie zum Pavillon, und tatsächlich - der kleine Busch war fast völlig vertrocknet. Sofort lief sie zum Brunnen und füllte eine große

Gießkanne. Dann begoß sie den trockenen Busch und entschuldigte sich für ihre Nachlässigkeit bei ihm. In diesem Augenblick vernahm sie eine zierliche, ganz zarte Stimme, die ihr dankte und sie wissen ließ, daß sie noch zur rechten Zeit gekommen war.

Sophia erschrak, aber es konnte keinen Zweifel geben, der kleine Rosenbusch hatte mit ihr gesprochen.

Ganz aufgeregt lief sie zum Haus, um mit Clarissa zu reden. In der großen Spiegeltür rannte sie fast ihr Mutter um, die ihr sagte, daß Clarissa heute einen freien Tag habe. Sie müsse sich ausnahmsweise einmal selbst beschäftigen. Sophia versuchte, ihrer Mutter die Geschichte mit dem Rosenbusch zu erzählen, doch diese winkte schon nach wenigen Worten ab und gab ihr zu verstehen, daß sie für solche Sachen jetzt wirklich keine Zeit hatte. Wenig später widerfuhr ihr das gleiche mit ihrem Vater.

Traurig ging Sophia hinauf in den ersten Stock und schloß sich betrübt in ihrem Zimmer ein. Sie kroch unter die Bettdecke, blickte aus dem Fenster und fühlte sich unsagbar einsam. Während sie so schaute, fiel ein Licht aus dem Fenster auf ihr Bett. Verwundert sah sie hinüber. Es war fast Mittag, und das Fenster lag nach Westen. Um diese Zeit konnte die Sonne dort nicht scheinen.

Das Licht wurde immer strahlender, und plötzlich stand eine wunderschöne Frau an ihrem Bett. Sie hatte eine Hand erhoben, so als segnete sie das kleine Mädchen. Dann sprach sie lange mit ihr über die Blumen und die Tiere, über die Sterne und die Menschen. Schon bald war alle Traurigkeit aus Sophias Kinderseele verschwunden, und sie lauschte ihrer schönen Besucherin mit ganzer Hingabe. Zum Schluß berührte sie Sophias Stirn und versprach, am nächsten Tag wiederzukommen. Sie bat Sophia jedoch, mit niemandem über ihren Besuch zu sprechen.

Sophia versprach es - und dann war die heilige Klara verschwunden. Sophia war ganz sicher, die Frau mit dem Sternenkleid mußte die Namenspatronin von Clarissa sein.

Von nun an kam Klara sie oft besuchen. Sie lehrte Sophia all das, was sie von ihren Eltern nicht lernen konnte; weil sie keine Zeit hatten und ohnehin von diesen Dingen nichts wußten. Es war und blieb ein großes Geheimnis, und nur Clarissa durfte sie später einweihen. Zu diesem Zeitpunkt hatte die Besucherin Sophia allerdings schon aufgeklärt, daß sie nicht die heilige Klara war - sondern ihr Schutzengel.

Im Sonnen-blumenland

Im Sonnenblumenland

Das Kerzenlicht auf dem Hauptaltar im Tempel der Sibyllen war schon fast verloschen, und die heiligen Jungfrauen hatten sich in ihre Gemächer zurückgezogen. Nur Xeris saß noch still auf ihrem Kissen und blickte durch das kleine Seitenfenster in den Tempelgarten. Sie spürte in ihrem Herzen, daß noch einer der Botschafter zurückkehren würde, obwohl die Schleier der Nacht sich bereits über die Welt gesenkt hatten. Und sie sollte sich nicht getäuscht haben.

Mit zartem Flügelschlag flatterte der Silberfalter unter dem kleinen Schleier hindurch in den Tempel und setzte sich auf ihre Schulter. Sanft berührte sie seine Gaze-Flügel und hieß ihn dann, auf ihren Finger zu krabbeln. Sie verspürte das zarte Kribbeln, als die winzigen Fühler ihre Finger erklommen. Dann trug sie ihn hinaus in den Garten und setzte ihn in die offene Blüte der Königssonnenblume, die den Mittelpunkt des Gartens bildete. Xeris kniete sich nieder, faltete die Hände vor dem Herzen und schloß die Augen.

Als sie die äußeren Augen verschlossen hatte, öffnete sich das innere Auge; und in der Mitte der Sonnenblume erschaute sie den Ort, von dem der Silberfalter zurückgekehrt war. Es war das Haus des Goldschmiedes, und sein ältester Sohn war der Jüngling, den der Falter ausgewählt hatte.

Xeris versenkte sich tief in das Bild und trat durch die Sonnenblumenblüte in die innere Welt ein. Sie war in Gedankenschnelle im Haus des Goldschmiedes. Unruhig waren seine Träume, und Xeris folgte dem Irrflug seiner Gedanken. Er war jung, hübsch und unschuldig. Aber sein Körper erfüllte seine Seele mit dem Ruf der Sehnsucht.

Ein feines Lächeln überzog das Gesicht von Xeris, als sie ihre Hand auf sein Herz legte. Sofort wurden seine Gedanken klar und seine Traumbilder lichtvoll. Er erschaute den Tempel der Sibyllen und den heiligen Garten. Das leuchtende Wesen von Xeris floß in ihn ein, und ihr Bild nahm Wohnung in seinem Herzen.

Als Xeris dies alles erblickt hatte, wußte sie, ihre Mission war erfüllt. Sie strich noch einmal sanft über die Stirn des Jünglings, vertraute ihn dem Schutze Apollons an und kehrte zurück.

Durch die Sonnenblume trat sie wieder in ihren Körper ein, der ruhend im Garten lag. Noch einmal betrat sie den Tempel, verlöschte die letzten Kerzen und begab sich dann in ihre kleine Kammer. Der Falter hatte wieder eine gute Wahl getroffen.

Die Sibyllen dienten der Göttin der Weissagung und dem Gott der Liebe. Sie lebten ganz für ihre Aufgabe und wurden von den heiligen Faltern berufen. Niemand konnte durch eigenen Willen Sibylle werden; aber jede von ihnen empfand es als hohe Auszeichnung, in den Tempel erwählt worden zu sein. Sie wurden neugeboren als Gefäße des Lichtes, und während es sie durchströmte, verwandelte es sie selbst und alle, die mit ihnen in Berührung kamen.

Es dauerte nur wenige Tage, bis der junge Goldschmied an das Portal des Tempels klopfte. Xeris, die seine Ankunft schon gesehen hatte, öffnete ihm selbst.

Voller Verwunderung und Überraschung schaute er in das schöne Gesicht, das er in seinem Traum erblickt hatte. Er wollte gerade zu einer Erklärung ansetzen, als Xeris mit einem Lächeln ihren Finger auf seine Lippen legte.

„Ich weiß", sprach sie nur, und bat ihn einzutreten.

Ein wenig schüchtern und verlegen folgte er ihr. Xeris führte ihn durch den Tempel und geleitete ihn dann zu seinem Gemach. Hier fand er eine lange, schneeweiße Toga, Salböl und Kräuter. Dann zeigte sie ihm die Badeanlagen und ließ ihn dann allein.

Der junge Goldschmied nahm ein Bad, salbte seinen Körper mit dem duftenden Öl und den wohlriechenden Kräutern und legte sich dann auf sein Bett. Er wußte nicht, ob er wachte oder träumte.

Nach einer Weile klopfte Xeris an seiner Tür und brachte Brot und Oliven, die sie mit ihm teilte. Dann ergriff sie seine Hand und führte ihn in den Garten.

Der Duft der Blumen verzauberte den jungen Mann, und voller Verwunderung sank er in das weiche Gras vor den Sonnenblumen im Herzen des Gartens. Wie im Traum verspürte er die zärtlichen Hände von Xeris und ihren betörenden Duft. Dann schienen sich alle Sonnenblumen zu ihm herabzuneigen, und ihre Blütenhände hoben ihn in ihr Reich. Unendliche Zartheit und Liebe erfüllten sein ganzes Wesen, und dann segnete ihn der Engel der Aphrodite, der himmlische Liebesbote. Sein Körper wurde verzehrt von roten Flammenzungen und dann aus dem Feuer heraus neugeboren. Ein wahrer Aphrodit, ein Sohn der Liebesgöttin.

Als Xeris ihren jungen Besucher am nächsten Tag zum Portal des Tempels begleitete, war auch sie noch erfüllt vom Feuerglanz der roten Flammen. Aber sie erschaute mit ihrem inneren Auge die verwandelte Seele des Jünglings. Nie wieder würden seine Lippen verhärtet und niemals mehr seine Hände ohne

Zärtlichkeit sein. Seine Erdenwege waren gesegnet durch die Liebe der Sibylle, und er war wiedergeboren im Sonnenblumenland.

Die Schatten aus seinen Augen waren verschwunden - und er konnte die Silberfalter erschauen.